BITCOIN E CRI

La guida per principianti ai fondamenti del bitcoin e delle criptovalute. Iniziare il trading online di criptovalute utilizzando un piano appropriato con una corretta gestione del rischio

PETER STREET

Sommario

Introduzione

Se stai leggendo questo libro, è probabile che tu abbia sentito parlare del mondo delle criptovalute e che da queste tu ne voglia trarre dei benefici. Stai pensando che vorresti approfondire ciò che che derivano da questo mondo, tuttavia, non hai la più pallida idea da dove iniziare. Non ti preoccupare, sei entrato nel posto giusto.

Molte persone ritengono che il denaro digitale soppianterà finalmente il nostro attuale quadro finanziario. Questa è un'importante affermazione perché l'attuale quadro economico è stato codificato parecchi anni fa. Ciononostante, se avete raccolto qualche informazione sulla storia finanziaria, indipendentemente dalla provenienza, sappiate che il tessuto monetario e politico del mondo è raramente totalmente impostato. È costantemente in una condizione di transizione ed evoluzione in base alle circostanze che ci circondano. Siamo sull'orlo di aprire una nuova pagina del progresso economico, a causa della moneta digitale.

Chiedete alle persone se capiscono cos'è il denaro crittografico, e presumibilmente scoprirete che una piccola porzione di loro ne è a conoscenza, probabilmente il 50% di loro non ha la minima idea di che cosa sia, e ci sono minime probabilità che coloro che sappiano cosa sia, abbia realmente informazioni dettagliate. Inoltre, probabilmente solo una microscopica percentuale di loro ha davvero avuto a che fare con le criptovalute.

Tutto sommato, come mai le persone le stanno promuovendo questo come il prossimo passo nello sviluppo monetario? La risposta è semplice. Mentre il livello di individui con informazioni sulle criptovalute è ancora molto basso; l'informazione su questa sorprendente possibilità creativa nello sviluppo finanziario si sta diffondendo. Questo perché il denaro crittografico ha effettivamente dimostrato di essere la risposta ideale per coloro che stanno lottando in questo crudele e distorto clima finanziario. Le possibilità sono infinite, è necessaria un po' di esperienza, e puoi iniziare ad assemblare il tuo nuovo portafoglio monetario con il denaro digitale e trasformarlo in un beneficio sul lungo termine.

Capitolo 1. Criptovalute

Le criptovalute si riferiscono ad una valuta in forma digitale o virtuale che utilizza la tecnologia crittografica per aggiungere un livello di sicurezza per il processo di trasferimento e di registrazione. Grazie a questa caratteristica, una valuta digitale può essere difficile da falsificare.

Nessun ente pubblico governa le criptovalute, quindi il governo od il settore bancario non possono manipolarle.

Il Bitcoin è un esempio di criptovaluta che utilizza la tecnologia blockchain.

Cos'è la Blockchain?

La blockchain è la struttura, o "protocollo", su cui funziona il Bitcoin, così come molte altre criptovalute e tecnologie emergenti. Essenzialmente, una blockchain può essere pensata come un libro mastro pubblico che è distribuito su molti computer in tutto il mondo. Ogni transazione Bitcoin che avviene viene registrata ed aggiunta alla blockchain, come un nuovo "blocco", e collegata alla transazione precedente con un timestamp speciale, come un anello di una lunga "catena".

La blockchain è gestita attraverso una rete distribuita, peer-to-peer, il che significa che è memorizzata ed aggiornata continuamente attraverso molti computer diversi in tutto il mondo. Chiunque può eseguire il software per trasformare il proprio computer in un "nodo" di questa gigantesca rete, aiutando a mantenere la registrazione continua delle transazioni. Questo modello distribuito significa che esistono moltissime copie diverse della blockchain in tutto il mondo, il che rende essenzialmente impossibile per chiunque manipolare le informazioni sulle transazioni una volta che esse sono state registrate.

Blockchain come libro mastro

Blockchain si riferisce alla registrazione pubblica, decentralizzata e virtuale di tutte le transazioni di una criptovaluta come il Bitcoin. Le transazioni più recenti vengono registrate e poi aggiunte in sequenza cronologica. Permette anche agli operatori di mercato di monitorare le transazioni Bitcoin senza la necessità di accedere ad un registro centrale. Ogni computer connesso alla rete riceve una copia della blockchain che viene scaricata automaticamente.

Immaginate un libro mastro che viene replicato diverse centinaia di volte attraverso una rete di computer. Poi, immagina che questa rete sia creata per aggiornamenti regolari. Ora hai la comprensione essenziale della tecnologia blockchain.

Le informazioni registrate su una blockchain esisteranno come un database pubblico e regolarmente aggiornate. Questo è un metodo di utilizzo della rete, che ha chiari vantaggi. Il libro mastro della blockchain non è memorizzato in un luogo, quindi le informazioni sono pubbliche e possono essere verificate da chiunque. Non esiste un server centrale che contiene questi dati che un ladro possa rubare od un hacker possa compromettere. I dati sulla blockchain sono accessibili a chiunque via Internet perché sono ospitati da molti computer in tutto il mondo allo stesso tempo.

Se hai familiarità con Google Docs, allora ti sarà facile capire questo concetto. Il metodo convenzionale di condivisione dei documenti con la collaborazione è quello di inviare un documento ad un'altra persona e chiedergli di fare alcune revisioni. Il problema con questo metodo è che bisogna aspettare che la persona invii di nuovo la copia rivista prima di poter accedere alle modifiche.

Questo è il metodo attuale nei nostri database oggi. Due utenti non possono pasticciare con lo stesso documento allo stesso tempo. Questo è il modo in cui la maggior parte delle banche ora controlla, trasferisce e mantiene i flussi di denaro. Bloccano momentaneamente l'accesso mentre stanno facendo un trasferimento, poi aspettano che l'altra parte aggiorni il record, e poi accedono nuovamente al record per l'aggiornamento. Se si usa Google Docs, entrambi gli utenti possono avere accesso allo stesso documento in tempo reale. Questo è simile ad un libro mastro pubblico, si tratta di un record condiviso. La distribuzione sarà maggiore se la condivisione coinvolge più persone.

Come Internet, la blockchain ha una sua resistenza. Mantenendo blocchi di dati che sono identici in tutta la rete, la blockchain non ha un singolo punto di debolezza, e non può essere regolata da un'autorità centrale.

Dalla creazione del Bitcoin nel 2008, la tecnologia blockchain ha continuato a funzionare senza grandi interferenze. I problemi legati al Bitcoin sono principalmente dovuti alla cattiva gestione od agli attacchi informatici. Per dirla più semplicemente, questi problemi sono causati dalla malafede o dall'errore umano e non dalla struttura sottostante.

Fondamentalmente, la blockchain è un sistema porta gli

utenti ad un grado di responsabilità di alto livello. Questo significa che presto diremo addio agli errori (sia umani che provocati dalle macchine), così come alle transazioni mancate. E soprattutto, l'aspetto più cruciale in cui il Blockchain potrebbe aiutare è garantire la veridicità di una transazione attraverso la registrazione pubblica, non solo sul registro primario ma su un sistema distribuito di registri collegati, che sono tutti collegati attraverso un sistema di convalida, al sicuro da interferenze esterne

La trasparenza della Blockchain

La rete blockchain è un ecosistema di valuta virtuale che si autocontrolla, la rete può riconciliare le transazioni che si verificano in intervalli di ogni 10 minuti. Ogni gruppo di queste transazioni è chiamato blocco. Ci sono due proprietà significative che possono derivare da questo:

- Non è corruttibile perché cambiare qualsiasi dato sulla blockchain richiederebbe un'enorme quantità di potenza di calcolo per superare l'intera rete.

- La trasparenza dei dati è incorporata all'interno della rete nel suo complesso, e quindi, in sostanza, è accessibile al pubblico.

Cercare di forzare il sistema, pertanto, per quanto teoricamente possibile, in termini pratici, non è fattibile.

Prendere il controllo della blockchain per ottenere i Bitcoin avrà l'effetto contrario e danneggerà il valore della valuta.

Nodi - l'unità di base della Blockchain

Blockchain è composta da nodi. Un nodo è un computer collegato alla rete blockchain tramite un client, che svolge il compito di confermare e trasmettere le transazioni all'interno dell'ecosistema. Ogni nodo riceve una copia della blockchain che viene scaricata automaticamente quando si unisce all'intera rete.

In combinazione, si crea una rete di secondo livello, che è una versione completamente diversa da come potrebbe funzionare Internet. Ogni nodo funge da amministratore della blockchain e si unisce volontariamente alla rete.

Pertanto, la rete non è centralizzata. Ma ogni nodo ottiene una ricompensa per partecipare al sistema, che è la possibilità di vincere Bitcoin.

La maggior parte degli utenti di Bitcoin descrivono i nodi come i minatori di Bitcoin stesso, ma questo in realtà non è vero nel senso più letterale. Di fatto, ogni nodo sta partecipando ad una competizione per vincere Bitcoin risolvendo problemi matematici. Il Bitcoin era la ragione per cui la blockchain esiste così come è stata creata originariamente. Ma oggi, è considerato come uno dei tanti possibili usi della tecnologia.

Ci sono circa 600-700 criptovalute create, e tutte hanno gettoni scambiabili per valore. Inoltre, una serie di altri possibili adattamenti del concetto originale di blockchain sono ora in via sviluppo o già attivi.

Rete decentralizzata

La rete blockchain è un sistema decentralizzato. Qualsiasi cosa che potrebbe accadere su di essa è un lavoro dell'intera rete. Diversi impatti cruciali potrebbero derivare da questo. Nel creare un nuovo metodo di verifica delle transazioni, alcune aree del commercio convenzionale potrebbero presto svanire. Per esempio, il commercio in borsa potrebbe diventare simultaneo nella blockchain, o potrebbe far sì che altre forme di registrazione dei dati, come il catasto, diventino completamente accessibili al pubblico. La decentralizzazione esiste già da molti decenni.

Una rete mondiale di computer sta ora utilizzando la tecnologia blockchain per gestire simultaneamente il database, che prende nota delle transazioni di Bitcoin. Pertanto, il Bitcoin è gestito dal sistema stesso e non da una singola organizzazione amministrativa. Attraverso la decentralizzazione, la rete può operare su una base P2P.

Chi sta usando la tecnologia Blockchain?

Prendete nota che non c'è bisogno di comprendere a fondo la blockchain per usarla e farla diventare vantaggiosa per la vostra vita. Al momento, l'attuale mondo finanziario fornisce la soluzione più solida nel campo della tecnologia. Un esempio di ciò sono le rimesse globali. Secondo la Banca Mondiale, più di 500 miliardi di dollari di trasferimenti si sono verificati in tutto il mondo nel 2015.

Attualmente, c'è anche una forte domanda di sviluppatori di tecnologia blockchain. Ora è possibile eliminare la necessità di aiuto esterno per elaborare le transazioni. Il grande pubblico è stato in grado di trarre vantaggio dai personal computer con l'introduzione dell'interfaccia grafica utente o "GUI" che è stata lanciata attraverso il desktop computing. Allo stesso modo, le GUI più tipiche create per la blockchain sono conosciute come le app portafoglio che le persone possono usare per acquistare cose usando Bitcoin e altre valute digitali.

Le transazioni online sono strettamente legate ai processi di verifica dell'identità delle persone. E naturalmente, queste app portafoglio continueranno ad evolversi negli anni a venire per includere altre forme di gestione delle nostre identità.

Cripto-tecnologia

Mantenendo i dati all'interno della piattaforma, la blockchain sta eliminando il rischio che avrebbe nel memorizzare i dati in un luogo centrale. L'intera piattaforma non ha punti di esposizione centrale che i ladri informatici possono attaccare. Il World Wide Web ha problemi di sicurezza che tutti conosciamo. Di solito dipendiamo dalla sicurezza delle nostre password per salvaguardare i nostri beni e la nostra identità online. D'altra parte, il livello di sicurezza di blockchain ruota intorno alla crittografia.

Tutto questo si basa sul concetto di chiavi private e pubbliche. La chiave pubblica si riferisce ad un numero di stringhe create a caso, che è in realtà l'indirizzo dell'utente sulla blockchain. I bitcoin inviati in tutta la rete saranno registrati ed etichettati a questo indirizzo. D'altra parte, la chiave privata è simile ad una password, che vi fornirà l'accesso ai Bitcoin od altri beni virtuali. Di conseguenza, i dati memorizzati nella blockchain non possono essere corrotti. Ma in ogni caso, è ancora fondamentale che tu salvaguardi i tuoi beni digitali stampandoli, considerandolo come un portafoglio di carta.

Nuovo livello di funzionalità

Attraverso la blockchain, Internet guadagna un nuovo livello di funzionalità, che permette agli utenti di transare direttamente tra di loro. Nel 2016, le transazioni di Bitcoin valevano circa 200.000 dollari al giorno. Attraverso lo strato extra di sicurezza aggiunto dalla tecnologia blockchain, le imprese online emergenti sono sulla buona strada per sconvolgere i metodi convenzionali nel settore finanziario.

Secondo Goldman Sachs la tecnologia blockchain ha il più alto potenziale, in particolare nel migliorare l'efficienza della compensazione. Questo può anche equivalere ad un risparmio mondiale fino a 6 miliardi di dollari ogni anno.

Blockchain e l'evoluzione di Internet

Oltre ad essere una piattaforma per le criptovalute,

blockchain può anche fornire agli utenti del web la capacità di costruire valore e verificare le informazioni digitali. Le applicazioni commerciali emergenti per la tecnologia blockchain includono le seguenti:

a) L'industria della condivisione

Con nuove aziende come AirBnB ed Uber che sono diventate storie di successo globale, l'industria della condivisione è ormai provata come modello di business. Ma oggi, i clienti che vogliono approfittare dei servizi di carsharing devono affidarsi ad Uber come fornitore terzo. Ma se i pagamenti possono essere abilitati attraverso il P2P, la tecnologia blockchain può aprire la porta alle transazioni dirette tra il passeggero e l'autista, il che porterà ad una vera industria della condivisione. Un buon esempio è l'Open Bazaar, che impiega la blockchain per costruire una piattaforma online P2P. Gli utenti possono scaricare l'applicazione sui loro dispositivi, possono facilmente transare con i venditori senza il bisogno di pagare le spese di transazione. Il protocollo implementa una politica no-rules, il che significa che la credibilità personale sarà ancora più significativa per queste transazioni rispetto a ciò che accade attualmente in marketplace come eBay.

b) Smart contract

I libri mastri pubblici permettono la codifica di semplici contratti che verranno eseguiti se le condizioni prestabilite sono già stabilite. Un esempio è la rete Ethereum, che è una blockchain open-source, creata appositamente per questo scopo. Anche se è ancora agli inizi, Ethereum ha ottenuta un'ottima spinta negli ultimi anni, e gli esperti di criptovalute credono che abbia il potenziale per sfruttare la potenza della blockchain su una scala veramente globale.

All'attuale livello di sviluppo della blockchain, gli smart contract potrebbero essere progettati per eseguire funzioni di base. Per esempio, è possibile pagare un derivato se uno strumento finanziario ha già soddisfatto un benchmark specifico attraverso l'uso della tecnologia blockchain ed il Bitcoin che consente il pagamento automatico.

c) Servizi governativi

Migliorando la trasparenza e l'accessibilità delle informazioni, la tecnologia blockchain può diventare un catalizzatore nel modo in cui il governo amministra i suoi servizi di base, così come il risultato su sondaggi od elezioni. Gli smart contract possono anche aiutare a rendere il processo più veloce e più facile. Un esempio è l'applicazione Boardroom, che permette di definire decisioni organizzative all'interno della blockchain. Questo potrebbe sconvolgere il modo in cui le organizzazioni governano e come gestiscono i beni digitali come i dati e le azioni.

d) Tenuta dei registri

Un metodo decentralizzato di mantenere i record online porterà un sacco di vantaggi. La diffusione dei dati in tutta la piattaforma salvaguarderà i file dalla perdita o dall'hacking. Per esempio, l'Inter-Planetary File System o "IFPS" permette di capire come potrebbe funzionare un web pubblico. Paragonabile a come BitTorrent muove i dati online, IPFS può eliminare la necessità di interazioni client-server centralizzate come l'attuale forma di Internet. Una nuova versione del World Wide Web, che è composta da siti web decentralizzati, ha il potenziale per accelerare il trasferimento di file e lo streaming. Questo miglioramento non è solo efficiente ma importante per aggiornare i sistemi attualmente sovraccarichi di Internet per la consegna dei contenuti.

e) Protezione della proprietà intellettuale

Come forse già sapete, non c'è limite a come si possono riprodurre e distribuire informazioni su Internet. Questo ha fornito a molti utenti online di tutto il mondo un'enorme riserva di contenuti gratuiti. Ma questa non è una buona notizia per i detentori di copyright, perché possono perdere il controllo sulla loro proprietà intellettuale. Attraverso gli smart contract, il copyright può essere protetto. Si può anche automatizzare la vendita di contenuti creativi attraverso il web, che elimina il rischio di replica e ridistribuzione.

Un buon esempio di questo è Mycelia, che impiega la tecnologia blockchain per costruire un sistema di distribuzione musicale P2P. Fondata nel Regno Unito dall'artista Imogen Heap, la piattaforma permette agli artisti di vendere le loro canzoni direttamente alla loro base di fan. Permette anche agli artisti di concedere in licenza i campioni ai produttori e di gestire le royalties ai musicisti ed agli autori di canzoni. Queste funzioni sono permesse attraverso gli smart contract. Questo uso della blockchain ha una concreta possibilità di successo perché può essere utilizzata per rilasciare pagamenti in una piccola percentuale di Bitcoin, che sono anche co-nosciuti come micropagamenti.

f) Internet delle cose (Internet of Things)

L'IoT si riferisce alla gestione regolata attraverso la rete di specifiche attività da parte dei dispositivi elettronici. Un esempio è la regolazione della temperatura dell'aria all'interno di una struttura di server. Attraverso gli smart contract, è possibile gestire l'automazione dei sistemi remoti. Questo può essere fatto attraverso l'integrazione di strutture di rete, sensori e software, così come lo scambio di dati tra sistemi ed oggetti. Il risultato potrebbe migliorare il contenimento dei costi, così come l'efficienza del sistema.

I più importanti attori delle telecomunicazioni, della tecnologia e della produzione stanno tutti cercando di dominare l'IoT. Questo include At&T, IBM e Samsung. Un'estensione degli attuali sistemi regolati da queste aziende, le applicazioni IoT potranno essere applicate in una vasta gamma di scopi, dalla gestione massiccia di sistemi automatizzati, all'analisi dei dati, alla manutenzione delle parti meccanizzate.

g) Gestione dell'identità online

Abbiamo una specifica esigenza di migliorare la gestione della nostra identità online. La capacità di confermare la propria identità è la tecnologia di base delle transazioni finanziarie che potrebbero avvenire online. Tuttavia, la risoluzione per i rischi legati alla sicurezza dei i portali online non è perfetta. I registri pubblici possono fornire modi migliori per provare chi sei, insieme alla possibilità di digitalizzare i file personali. Proteggere l'identità personale è anche cruciale per le comunicazioni via internet nell'industria della condivisione, per esempio. Tuttavia, una reputazione eccellente è la condizione più cruciale per condurre transazioni online.

Stabilire degli standard per l'identità digitale può essere un protocollo altamente sofisticato. A parte le sfide tecniche, una soluzione globale di identità web richiederà la cooperazione tra il governo e le organizzazioni private. Il problema può essere esponenzialmente impegnativo se si considera la necessità di navigare nei sistemi legali di vari paesi. Attualmente, i negozi online dipendono dal certificato SSL per garantire che le transazioni online siano sicure.

h) Gestione delle informazioni

Usare le piattaforme dei social media, come Facebook e Twitter, è gratis, giusto? Questo non è completamente vero. In cambio dell'utilizzo di queste piattaforme, stai pagando queste aziende con le tue informazioni personali. Ma attraverso la blockchain, si può avere la capacità di amministrare e vendere le informazioni che le loro attività web producono. E poiché questo può essere facilmente diffuso in microvalute, il Bitcoin faciliterà questa transazione.

Per esempio, Enigma - un progetto del MIT - ha la capacità di capire che la privacy dell'utente è la chiave per creare un mercato di informazioni personali. Utilizza strategie crittografiche per permettere che i singoli set di informazioni siano divisi tra i nodi, ed allo stesso tempo elabora calcoli massicci sul gruppo di dati in generale. La scalabilità può essere ottenuta frammentando le informazioni, a differenza della tecnologia blockchain dove le informazioni potrebbero essere replicate su ogni nodo.

i) Negoziazione di azioni

Anche il trading azionario può trarre vantaggio dalla tecnologia blockchain attraverso la migliore efficienza della piattaforma condivisa. Una volta implementata, una conferma di transazione avvenuta nell'ambito del commercio P2P, potrebbe diventare più immediata contro il solito tempo di liquidazione di tre giorni. Tuttavia, questo potrebbe eliminare la necessità di depositari, revisori e stanze di compensazione. Diverse borse merci e borse valori stanno ora utilizzando le prime forme di tecnologia blockchain per i servizi che forniscono. Tra esse, il Japan Exchange Group (JPX), Frankfurt Stock Exchange (Deutsche Borse), e l'Australian Securities Exchange (ASX).

j) Crowdfunding

I progetti di crowdfunding come Gofundme e Kickstarter stanno implementando la nascente economia P2P. La popolarità di queste piattaforme significa un maggiore interesse da parte delle persone che vogliono avere un coinvolgimento diretto nello sviluppo di prodotti specifici. La tecnologia Blockchain sta elevando questo interesse al livello successivo, costruendo fondi di capitale di rischio attraverso il crowdfunding.

Per esempio, nel 2016, la Decentralized Autonomous Organization (DAO) di Ethereum è riuscita a raccogliere ben 200 milioni di dollari in 60 giorni. I crowdfunders hanno acquistato i gettoni DAO che permettono loro di scegliere il progetto di smart contract a cui sono interessati. Tuttavia, il progetto è stato violato e compromesso a causa di una scarsa diligenza. Tuttavia, il test suggerisce che la tecnologia può guidare nuovi modi per le persone di cooperare.

Diversi tipi di criptovalute in cui investire
Bitcoin (BTC)

I nuovi Bitcoin sono creati come ricompensa per il mining, che è ciò che mantiene il protocollo Bitcoin in funzione. Il protocollo Bitcoin è configurato in modo da mantenere il tasso di produzione di nuovi Bitcoin intorno ad una certa media. Se viene impiegata più potenza di elaborazione per estrarre nuovi Bitcoin, l'estrazione diventa più difficile. Se una parte della potenza di elaborazione viene presa dalla rete, la difficoltà di estrarre nuovi Bitcoin diminuisce. Il protocollo è stato creato con un limite di 21 milioni di Bitcoin, dopo il quale non verranno rilasciati altri Bitcoin.

Bitcoin può essere diviso in unità più piccole conosciute come MilliBitcoins, MicroBitcoins, e Satoshis. L'unità più piccola di Bitcoin è il Satoshi (0.00000001), che prende il nome dal misterioso inventore dei Bitcoin. Come prima criptovaluta moderna, il Bitcoin è la più facile da ottenere e gode del più ampio consenso.

Ethereum (ETH)

A lungo termine, l'Ethereum sarà molto più promettente del Bitcoin. Mentre le due criptovalute concorrenti si basano entrambe sulla tecnologia blockchain, hanno grandi differenze in termini di obiettivo e capacità. Il Bitcoin è strettamente un sistema di pagamento, che è solo un'applicazione della tecnologia blockchain. Invece di concentrarsi su un solo uso come ha fatto Bitcoin, Ethereum permette agli sviluppatori di costruire tutti i tipi di applicazioni decentralizzate. Questo significa che Ethereum ha la capacità di rivoluzionare tutti i servizi ed i settori che sono attualmente centralizzati. Oggi, ci sono due blockchain Ethereum parallele, Ethereum (ETH) ed Ethereum Classic (ETC). Ethereum Classic è stato introdotto dopo una scissione avvenuta in seguito all'hacking del progetto DAO basato su Ethereum nel settembre del 2016, dove sono stati rubati circa 50 milioni di dollari di Ether.

Litecoin (LTC)

Uno dei principali cambiamenti apportati da Lee è stata la funzione crittografica "hash" utilizzata da Litecoin. A differenza del Bitcoin che utilizza l'hash SHA256, Lee ha introdotto "scrypt" in Litecoin. Il passaggio a scrypt ha permesso a Litecoin di elaborare e confermare le transazioni più velocemente. Le transazioni Litecoin sono verificate in circa due minuti, mentre Bitcoin potrebbe richiedere fino a dieci minuti per verificare le transazioni. Un altro vantaggio dell'uso di 'scrypt' è che ha permesso agli utenti con CPU di livello consumer di estrarre le monete, a differenza di Bitcoin che richiede ai minatori di avere CPU specializzate per il mining.

Così facendo, Lee ha dato al Litecoin più liquidità, poiché ci sono più monete disponibili per l'acquisto, impedendo l'accaparramento che è diventato così comune con gli acquirenti di Bitcoin. Un'altra grande differenza tra Litecoin e Bitcoin è che Litecoin utilizza un protocollo di mining leggermente diverso, che permette una distribuzione più equa delle monete minate. Litecoin permette anche di testare e implementare più velocemente le nuove tecnologie. Per esempio, Litecoin ha sperimentato ed implementato la tecnologia SegWit (Segregated Witness) molto prima di Bitcoin. Tutto sommato, Litecoin è una criptovaluta forte con una buona reputazione e solidi principi economici.

IOTA (IOT)

IOTA include cose come auto abilitate ad internet, computer, elettrodomestici, microchip, dispositivi di automazione domestica, dispositivi ospedalieri, e così via. Essendo la spina dorsale dell'IoT, IOTA mira a realizzare la sua nomea di essere il "Libro mastro di tutto".

Oltre ad essere la spina dorsale dell'IoT, IOTA è stato anche sviluppato per risolvere alcune delle sfide affrontate da Bitcoin, compresi i problemi di scalabilità, velocità e commissioni di transazione. IOTA ha una differenza chiave da altre criptovalute come il Bitcoin. Con le criptovalute basate su blockchain, la rete di computer deve verificare una transazione prima che sia completata. Con il Tangle, la verifica non si basa sulla rete. Invece, il Tangle si basa su un sistema che richiede al mittente di eseguire alcune prove di lavoro prima di poter effettuare la transazione. Così facendo, il mittente approva due transazioni, combinando così la transazione e la sua verifica. Poiché spetta al mittente fornire la prova del lavoro, non c'è bisogno di miner.

Questo ha due benefici. In primo luogo, eliminando i minatori, il Tangle rende IOTA completamente decentralizzato. Invece di avere individui che hanno un effetto sulla rete senza effettivamente utilizzarla (i minatori semplicemente abilitano la rete, ma non la usano), la rete IOTA è mantenuta esclusivamente dagli "utenti" che stanno effettivamente facendo transazioni. In secondo luogo, facendo approvare al mittente due transazioni prima di poter effettuare la transazione, questo sistema rende il protocollo IOTA più veloce. Significa anche che ad un aumento del numero di utenti porta ad una maggiore velocità di convalida. Questo è diverso da quello che normalmente accade con altre criptovalute come il Bitcoin, dove un aumento del numero di utenti rallenta il tempo di convalida. Poiché non ci sono minatori, gli utenti non devono pagare alcuna tassa per mantenere la rete.

Ripple (XRP)

A differenza di molte criptovalute là fuori, Ripple non è stato costruito come una variante di Bitcoin. Invece, i suoi sviluppatori l'hanno costruita da zero ed hanno incorporato alcuni importanti cambiamenti nella sua architettura. A differenza della maggior parte delle criptovalute che utilizzano un sistema proof-of-stake o proof-of-work per verificare le transazioni, Ripple utilizza un sistema di consenso unico, dove i computer della rete continuano a monitorare qualsiasi cambiamento. Una volta che la maggioranza dei computer della rete osserva una transazione, questa viene aggiunta al libro mastro pubblico. Il sistema di consenso ha una serie di vantaggi rispetto ai sistemi proof-of-work o proof-of-stake. Le transazioni verificate con il sistema di consenso sono convalidate più velocemente e richiedono meno potenza di elaborazione. Anche se potrebbe sembrare possibile per gli hacker compromettere il sistema di consenso, è progettato in modo tale che qualsiasi risultato inaffidabile venga respinto dalla rete.

Poiché la rete Ripple ha lo scopo di facilitare le conversioni tra valute, i Ripple possono essere scambiati con una vasta gamma di valute. Alcune aziende permettono anche ai clienti di scambiare Ripples per miglia aeree e punti premio. A differenza delle Altcoins, come Ether e Litecoin, che sono vendute negli scambi di criptovalute, devi passare attraverso i Ripple Gateways per comprare Ripples. I Gateway funzionano nello stesso modo in cui funziona PayPal.

Dash (Dash)

Dash è una criptovaluta che è stata sviluppata da Evan Duffield e Kyle Hagan. Lanciata nel 2014, era originariamente conosciuta come Darkcoin. Dopo un anno di esistenza, ha cambiato nome in Dash, che è la versione abbreviata di "denaro digitale". Sviluppando Dash, Kyle ed Evan hanno voluto creare una criptovaluta totalmente segreta ed anonima. La maggior parte delle criptovalute non sono totalmente anonime. Anche se gli indirizzi non sono collegati ad informazioni di identificazione personale, la rete conosce il numero di monete all'interno di ogni indirizzo e chiunque può tenere traccia delle monete mentre si spostano da un indirizzo all'altro. Questo rende possibile per qualcuno conoscere l'identità di quegli utenti che non prendono misure per proteggere le loro informazioni personali. Per mantenere l'anonimato degli utenti, Dash utilizza una rete decentralizzata di master code che rende le transazioni di Dash praticamente impossibili da tracciare.

L'alto livello di anonimato offerto da Dash è abilitato

da un sistema noto come Darksend. Con questo sistema, computer specializzati conosciuti come master code raccolgono diverse transazioni e le eseguono simultaneamente, mantenendo così la transazione non tracciabile. Diventa impossibile tracciare la fonte e la destinazione delle monete. Per rendere le tue transazioni ancora più anonime, puoi scegliere di far mescolare i codici master per diverse volte prima di completare la transazione. Per mantenere questo anonimato, il libro mastro di Dash non è accessibile al pubblico. L'alto livello di anonimato ha anche impedito un ampio consenso da parte delle imprese.

Un'altra caratteristica distintiva di Dash è il suo algoritmo di hashing. Invece di usare l'hash SHA256 o scrypt, Dash usa un hash unico X11 che richiede meno potenza di elaborazione, permettendo agli utenti con CPU di livello consumer di estrarre le monete Dash. Altri notevoli vantaggi di Dash includono la sua rapida verifica delle transazioni (4 secondi) e le basse commissioni di transazione. Tuttavia, è probabile che le commissioni aumentino una volta che più persone si uniscano alla rete. Dash ha anche un sistema di voto per consentire la rapida attuazione di cambiamenti importanti.

Monero (XMR)

Monero è un'altra criptovaluta che, proprio come Dash, si concentra sulla privacy e l'anonimato. Monero è stato lanciato nel 2014 da un team di sette programmatori, cinque dei quali hanno scelto di rimanere anonimi. Grazie alle sue caratteristiche di anonimato, ha rapidamente guadagnato popolarità tra gli appassionati di criptovalute. Come la maggior parte delle altre criptovalute, Monero è completamente open-source. Lo sviluppo della piattaforma è guidato dalla comunità e dalle donazioni. Questa tecnica è una versione digitale delle firme di gruppo. Ogni transazione sulla rete Monero è avvolta da un gruppo di firme crittografiche. In questo modo, è impossibile individuare il mittente od il destinatario effettivo della transazione. Anche con l'indirizzo del portafoglio di una persona, è impossibile vedere il numero di monete o tenere traccia di dove vengano spese. Questo significa che è impossibile per le monete Monero di contaminarsi come risultato di qualsiasi precedente transazione dubbia.

Le transazioni di Monero sono verificate usando lo stesso sistema proof-of-work che usa Bitcoin. Tuttavia, una grande differenza tra Bitcoin e Monero è che mentre le dimensioni dei blocchi di Bitcoin sono limitate a 2MB, non vi è alcuna limitazione sulle dimensioni dei blocchi di Monero. La mancanza di dimensioni limitate dei blocchi presenta il rischio che i minatori malintenzionati utilizzino blocchi sproporzionatamente grandi per intasare il sistema.

Neo (NEO)

NEO è una criptovaluta cinese fondata da Erik Zhang e Da Hongfei. NEO è progettato per essere una piattaforma di economia intelligente, molto simile a Ethereum. È stato anche definito come "l'Ethereum della Cina". NEO è stato lanciato con il nome di Antshares. Nell'agosto 2017, ha cambiato nome in NEO Smart Contract Economy. L'obiettivo di NEO è molto simile a quello di Ethereum. NEO fornisce una piattaforma dove gli sviluppatori possono sviluppare applicazioni decentralizzate e distribuire smart contract. A differenza di Ethereum, che supporta solo il suo linguaggio di programmazione Solidity, NEO può essere utilizzato con linguaggi di programmazione comuni come C++, Python e Java.

Poiché il consenso nel sistema dBFT deve essere raggiunto solo da un sottoinsieme della rete, questo sistema richiede meno potenza di elaborazione e permette alla rete di gestire un maggiore volume di transazioni. NEO sostiene di essere in grado di gestire oltre 1000 transazioni al secondo, mentre Ethereum ne gestisce solo 15 al secondo. Il sistema dBFT elimina anche la possibilità di un hard fork, il che rende NEO una buona opzione per la digitalizzazione dei beni finanziari del mondo reale.

OmiseGO (OMG)

OmiseGO è una criptovaluta che ha guadagnato molta

popolarità tra gli appassionati. Lanciato nel 2013, è un progetto interessante ma molto ambizioso che mira ad utilizzare la tecnologia finanziaria basata su Ethereum per sbancare le banche. OmiseGO è attualmente costruito sulla piattaforma Ethereum come un ERC20-token, anche se alla fine lancerà la propria blockchain. La visione di OmiseGO è quella di diventare la principale piattaforma di scambio di criptovalute P2P. Invece di essere solo un Altcoin, OmiseGO è costruito per agire come una piattaforma finanziaria con l'obiettivo di sconvolgere il settore finanziario come lo conosciamo attualmente. OmiseGO intende risolvere una sfida che la maggior parte degli scambi di criptovalute non sono riusciti a superare. Per acquistare una criptovaluta, nella maggior parte degli scambi di criptovalute, è necessario iniziare con una valuta Fiat. Per scambiare un Altcoin con un altro, devi convertire gli Altcoin in valuta Fiat o Bitcoin, e poi convertire la valuta Fiat/Bitcoin nell'Altcoin desiderato. Durante questo processo, lo scambio addebita delle commissioni per ogni transazione. Questo significa che pagherete delle commissioni per convertire gli Altcoin in valuta Fiat/Bitcoin, e poi pagherete ancora delle commissioni per convertire la valuta Fiat/Bitcoin in altri Altcoin.

OmiseGO prevede di risolvere questo problema collegando tutti i portafogli di criptovalute esistenti ad una Blockchain centrale OmiseGO. In questo modo, gli utenti possono facilmente scambiare Altcoin con altre Altcoin senza doverle convertire in valuta Fiat o Bitcoin. Ciò significa che invece di commissioni multiple, gli utenti pagheranno una tariffa unica.

OmiseGO mira anche a portare la decentralizzazione agli scambi di criptovalute. Attualmente, la maggior parte degli scambi sono operazioni centralizzate. Le registrazioni di tutte le transazioni, così come i dati sui diversi utenti sono memorizzati in banche dati che sono memorizzati sui server della società. OmiseGO mira a decentralizzare la funzionalità di scambio avendo tutte le informazioni sulle transazioni ed i dati degli utenti memorizzati sulla blockchain. In questo modo, i dati sono più sicuri poiché un hacker avrebbe bisogno di eseguire un attacco del 51% (ottenendo il controllo del 51% dei computer della rete) per violare la blockchain, il che è praticamente impossibile.

NEM (XEM)

NEM è una criptovaluta rivoluzionaria che è stata lanciata nel marzo 2015. A differenza di molte altre criptovalute che sono state create come varianti di progetti esistenti, NEM è stato costruito da zero con un proprio codice sorgente unico. NEM deriva il suo nome dal New Economic Movement, il gruppo che ha ideato la criptovaluta. NEM è progettato come una tecnologia basata su blockchain che può essere personalizzata per adattarsi a diversi scopi commerciali. Al centro del protocollo di NEM c'è quello che è noto come "Smart Asset System". Dal momento che NEM può essere personalizzato per adattarsi a molteplici casi d'uso, ha un potenziale illimitato di utilizzo. Può essere usato come un libro mastro centrale nel settore bancario, un mezzo per mantenere registri sicuri, un sistema di voto basato su blockchain, un servizio di deposito a garanzia, un mezzo per premiare i punti nei programmi di fidelizzazione, una piattaforma di crowd funding e così via. Questo dimostra quanto potenziale possiede il NEM.

A differenza della maggior parte delle piattaforme di criptovalute, NEM ha una piattaforma di messaggistica. Ha anche un sistema di ricompensa e supporta le transazioni con più firme. Una delle differenze chiave tra NEM e altre criptovalute è il metodo di verifica. Invece dei sistemi proof-of-work o proof-of-stake, NEM si basa su un sistema unico di proof-of-importance, dove le possibilità di calcolo dei blocchi sono assegnate in base al contributo di un utente allo sviluppo/distribuzione della piattaforma. Gli utenti che danno molti contributi vengono ricompensati con più possibilità. Questo permette un'equa distribuzione delle possibilità di estrazione tra gli utenti.

La rete NEM è veloce, con un tempo di attesa per la verifica delle transazioni di circa un minuto. Ciò significa che si può fare affidamento su NEM per effettuare trasferimenti di denaro globali istantanei. Con il sistema proof-of-importance, gli utenti non hanno bisogno di hardware costoso per estrarre le monete NEM.

Come posso ottenere Bitcoin?

Una volta che hai identificato un luogo sicuro dove depositare i tuoi fondi, puoi effettivamente ottenere dei Bitcoin! Ci sono diversi modi in cui si possono ottenere Bitcoin, ma i più comuni sono:

• Scambiando valute Fiat con Bitcoin attraverso uno scambio
• Ottenendo Bitcoin da qualcun altro che ha già Bitcoin
• Minare Bitcoin

Esamineremo tutti questi metodi, ma prima di tuffarci, dovremmo fare un passo indietro e farci una domanda più importante: Da dove vengono i Bitcoin?

Da dove vengono i Bitcoin?

Chi "fa" i bitcoin? Questa è una domanda importante,

ed è collegata a un'altra questione che forse ti stai chiedendo: come viene determinato il valore dei bitcoin?

Per rispondere ad entrambe le domande, è utile capire brevemente da dove proviene la valuta Fiat tradizionale. In generale, i governi e le istituzioni controllano la stampa della carta moneta. La quantità di denaro che viene stampata ha un impatto sul valore di quella valuta nel mercato finanziario globale. L'economia che sta dietro a tutto questo può diventare piuttosto complicata, ma in poche parole: più denaro un governo stampa, meno valore ha quella valuta. In termini economici, questo principio è spesso indicato come "scarsità", nel senso che meno ce n'è di qualcosa e più persone la vogliono, più valore ha quella cosa. Questo concetto si applica alle materie prime, alle valute Fiat ed al Bitcoin.

Ci sono molti esempi nel corso della storia di situazioni in cui un governo ha stampato tonnellate di carta moneta per coprire spese a breve termine (quasi sempre legate alla guerra), e come risultato, il valore di quella moneta è crollato. Probabilmente l'esempio più noto di questo è l'iperinflazione che si è verificata nella Repubblica di Weimer in Germania dopo la Prima guerra mondiale. La gente ha notoriamente tappezzato le loro case con carta moneta perché avevano pochissimo valore.

Un modo significativo in cui Bitcoin è diverso dalla valuta Fiat è che c'è un limite massimo al numero di Bitcoin che saranno creati. Non esisteranno mai più di 21 milioni di Bitcoin. Si stima che l'ultimo Bitcoin apparirà intorno all'anno 2140. Questa scarsità incorporata è un aspetto cruciale di come viene determinato il valore del Bitcoin.

Tuttavia, non abbiamo ancora risposto alla domanda da dove vengono effettivamente i Bitcoin. La risposta breve è che vengono "estratti" dai minatori di Bitcoin.

Estrazione di Bitcoin

Se i Bitcoin provengono dal mining, si potrebbe concludere che uno dovrebbe mollare tutto e diventare un minatore di Bitcoin. Una delle prime cose di cui i nuovi arrivati nel mondo dei Bitcoin spesso sentono parlare è il mining. A prima vista, questo può sembrare un sentiero di prim'ordine per ottenere "soldi gratis". Può sembrare che il mining sia facile come accendere un'applicazione sul tuo portatile e guardare i Bitcoin che arrivano! Sfortunatamente, come la maggior parte delle cose che riguardano i "soldi gratis", la realtà è che il mining non è così semplice.

Prima abbiamo visto la blockchain e come le transazioni sono memorizzate in una rete distribuita di computer. Sappiamo che ogni transazione viene verificata e aggiunta alla blockchain, ma come avviene esattamente?

È qui che entrano in gioco i minatori. I minatori di Bitcoin usano un software speciale per risolvere complessi problemi matematici che sono usati per verificare le transazioni, mantenere la blockchain ed aggiungere blocchi. Controllando una nuova transazione rispetto al libro mastro pubblico delle transazioni precedenti (la blockchain), un "nodo" (una particolare stazione di mining) è in grado di distinguere tra una transazione valida ed una non valida. Se qualcuno tenta di spendere Bitcoin che non esistono, il sistema dirà: "Ehi, aspetta un attimo, questo non corrisponde ai dati forniti della blockchain..." e la transazione verrà rifiutata. I minatori gestiscono la pesante elaborazione informatica che serve per controllare tutte le nuove transazioni Bitcoin, verificarle ed aggiungerle alla blockchain.

In cambio della risoluzione dei blocchi, i minatori sono ricompensati con una certa quantità di nuovi Bitcoin, aggiungendo così un po' alla volta al volume globale di Bitcoin disponibili in circolazione. Questo incentivo incoraggia più persone a minare, portando ad un sistema più sicuro attraverso una distribuzione più ampia.

Nei primi giorni del Bitcoin, il mining era qualcosa che poteva essere fatto su praticamente qualsiasi vecchio computer, e la ricompensa per "scoprire" un blocco era ampia, mentre il valore complessivo del Bitcoin era estremamente basso e non c'erano molti Bitcoin in circolazione. Nel corso del tempo, quando sempre più persone hanno cominciato ad usare Bitcoin, ed anche diventando minatori, le condizioni sono cambiate.

Costruito nel protocollo dietro Bitcoin c'è una relazione tra il numero di minatori ed il livello di difficoltà coinvolto nella risoluzione del problema, o "mining" di ogni blocco. In teoria, possiamo immaginare che se più minatori entrano in scena, più blocchi saranno creati ad un ritmo più veloce. Il protocollo Bitcoin funziona in modo tale che man mano che vengono creati più blocchi, il tasso di difficoltà nel risolvere i complessi problemi matematici necessari per "estrarre" con successo un blocco sale. Rendendo più difficile estrarre un blocco, il tasso di creazione dei blocchi scende. Questa relazione tra il numero di Bitcoin esistenti ed il livello di difficoltà che comporta l'estrazione di nuovi blocchi mantiene l'ecosistema stabile nel tempo.

Il livello di difficoltà, oggi, richiesto per estrarre un blocco è così pesante in termini di risorse, sia in potenza del computer che in elettricità, che richiede attrezzature speciali. Nella maggior parte dei casi, il costo di un'operazione di mining supera di gran lunga quello che si potrebbe sperare di guadagnare estraendo Bitcoin per molto lungo. Molti minatori oggi operano in collettivi noti come "pool", dove i membri combinano le risorse e dividono le ricompense. Unirsi a un pool di minatori è un modo per aumentare le probabilità di recuperare i costi delle attrezzature di mining e potenzialmente ottenere un profitto. È ancora possibile guadagnare Bitcoin oggi attraverso il mining, ma non è sicuramente facile o gratuito per iniziare.

Comprare Bitcoin

Mentre c'è ancora un'opportunità nel mining, non è il modo più diretto per mettere le mani su un po' di Bitcoin. È molto più veloce e facile ottenere Bitcoin esistenti da qualche altra fonte piuttosto che cercare di estrarre nuovi Bitcoin.

Quando si tratta di acquisire Bitcoin in questo modo, hai diverse opzioni. Non importa quale strada prendi, dovrai impostare un portafoglio Bitcoin per ricevere e conservare i tuoi fondi.

Scambi di Bitcoin

In molti paesi, il modo più semplice per acquistare Bitcoin con valuta Fiat è attraverso uno scambio online. Gli scambi di Bitcoin funzionano essenzialmente come qualsiasi altro scambio di valuta dove si usa una valuta per comprarne un'altra. Al momento di questo scritto, Coinbase è uno degli scambi di Bitcoin più popolari (coinbase.com) negli Stati Uniti. Coinbase è una piattaforma online che crea un portafoglio Bitcoin per te, ti permette di collegare il tuo conto bancario, e comprare o vendere Bitcoin attraverso un'interfaccia utente molto semplice.

La maggior parte degli scambi di Bitcoin comporta commissioni di transazione, e Coinbase non fa eccezione. Mentre è tecnicamente "libero" di utilizzare la maggior parte degli scambi di Bitcoin, ci saranno commissioni percentuali associate con la maggior parte o tutte le transazioni. Inoltre, non è raro notare ritardi quando si effettua una transazione attraverso gli scambi, che possono variare dall'essere leggermente scomodi a frustranti.

Acquisire familiarità con il processo e tenere conto delle commissioni e dei tempi di ritardo nelle tue transazioni, renderà le cose molto più semplici.

La maggior parte degli scambi che ti permettono di comprare Bitcoin con valuta Fiat ti richiederà di collegarti ad un conto bancario e di inserire alcune informazioni personali. Questo permette un movimento veloce e conveniente tra la valuta Fiat ed il Bitcoin. Ancora una volta, varrà la pena fare qualche ricerca ed assicurarsi di usare uno scambio che possa dimostrare una certa longevità e che abbia una buona reputazione.

Anche in questo caso, non è generalmente una buona idea conservare tutto o la maggior parte del tuo Bitcoin in uno scambio online. Mt. Gox, notoriamente, è stata la borsa Bitcoin dominante nel mondo per diversi anni. Al culmine della sua popolarità, Mt. Gox ha gestito circa il 70% delle transazioni totali di Bitcoin nel mondo. Poi, nel 2014, c'è stata una massiccia violazione della sicurezza e circa 850.000 Bitcoin sono stati persi o rubati in circostanze piuttosto misteriose. Gli scambi sono utili per spostare fondi tra Bitcoin e Fiat, per il trading e per fare transazioni attive con Bitcoin, ma il fiasco di Mt. Gox è un buon esempio del perché non è la migliore idea tenere tutti i tuoi beni conservati in uno scambio online.

Bancomat Bitcoin

Un altro modo di comprare Bitcoin che sta diventando sempre più popolare è attraverso i Bitcoin ATM. Questi dispositivi stanno spuntando ovunque, dai centri commerciali agli aeroporti, ai centri cittadini. Assomigliano molto ai bancomat tradizionali, ma ci sono alcune importanti differenze. In primo luogo, i bancomat Bitcoin non si collegano a nessuna banca. Sono collegati, attraverso Internet, solo all'universo della rete Bitcoin. Molti bancomat Bitcoin consentono lo scambio bidirezionale, il che significa che si possono inserire contanti da convertire in Bitcoin e trasferire ad un indirizzo a chiave pubblica, oppure si possono avere Bitcoin dal proprio conto convertiti in contanti ed erogati dalla macchina. Alcuni gestiscono solo trasferimenti in un modo o nell'altro.

I bancomat possono fornire un modo più anonimo per comprare in Bitcoin senza sincronizzare il tuo conto bancario con una piattaforma come Coinbase. Tuttavia, ci possono essere alte commissioni di transazione e limiti su quanto si può depositare o prelevare a seconda della macchina. Un modo per cercare i bancomat Bitcoin nella tua zona è usando il sito web Coin ATM Radar su https://coinatmradar.com/.

Ottenere Bitcoin da qualcun altro

Fin dall'inizio del Bitcoin, uno dei modi più comuni per iniziare con questa valuta è stato quello di trovare qualcuno disposto a regalare o vendervi qualcosa. Dato che il Bitcoin è un bene digitale, non dovrebbe sorprendere troppo che gran parte della comunità Bitcoin esista online. Forum come bitcointalk.org o r/bitcoin di Reddit sono buoni posti per contrattare con altri utenti Bitcoin. Alcuni appassionati di Bitcoin sono felici di donare una piccola somma ad un nuovo arrivato per aiutarlo a stabilire il suo primo portafoglio. Dopo tutto, più persone usano Bitcoin, più alta è la domanda. Attraverso questa fase, da un senso alla prospettiva finanziaria a lungo termine di aiutare i nuovi utenti ad iniziare, anche se questo significa spendere un po' della propria moneta nelle fasi iniziali.

Ci sono anche una varietà di strumenti online per trovare scambi locali di Bitcoin dove le persone si incontrano effettivamente offline, di persona, per commerciare con Bitcoin. Questo può essere un ottimo modo per evitare le spese di transazione, incontrare altri appassionati di Bitcoin nella tua zona, e potenzialmente aumentare il livello di anonimato delle transazioni. Come per qualsiasi scenario che coinvolge l'incontro con qualcuno "da Internet", usa il tuo giudizio se ti incontri per scambiare Bitcoin a livello locale.

Capitolo 2. Introduzione al trading

Terminologie usate nel mondo delle criptovalute

In questo capitolo, menzioneremo alcuni termini ed abbreviazioni comuni che riguardano le criptovalute.

Alcuni sono abbastanza comuni, mentre altri sono meno menzionate.

Attacco del 51% - questo descrive il monopolio di un singolo individuo o gruppo di entità sulla potenza di calcolo di una particolare rete. Poiché il singolo individuo od entità possiede una percentuale maggiore, domina la rete. Se dovessero decidere di farlo, potrebbero influenzare le criptovalute in modo distruttivo. La distruzione può avvenire in diversi modi, come il riutilizzo delle monete, l'interruzione del mining, l'interruzione od anche il cambiamento delle transazioni.

Address – "Indirizzi" - questi sono spesso una combinazione di oltre 30 caratteri ed hanno un aspetto unico per ogni criptovaluta. Tutte le monete di criptovaluta hanno incorporato al loro interno un indirizzo specifico che evidenzia la loro posizione sulla blockchain. L'indirizzo memorizza tutte le informazioni pertinenti riguardanti i proprietari e registra qualsiasi cambiamento effettuato durante il trading.

Airdrop - gli airdrops sono bonus assegnati a poche persone che possono essere membri di un'assemblea o broker di basso rango. Il proprietario della criptovaluta dà liberamente queste monete come regalo od in cambio di raggiungimento obiettivi fra colleghi e conoscenti. Gli Airdrops sono una grande strategia di marketing che permette la distribuzione ed il riconoscimento tra la comunità.

Algoritmo - Gli algoritmi sono una serie di istruzioni imputate matematicamente ed eseguite da un software per computer. È destinato a garantire il raggiungimento dei risultati desiderati.

All-Time High – L'importo più alto raggiunto da una criptovaluta.

All-Time Low - L'importo più basso raggiunto da una criptovaluta.

Altcoins - Questa è una criptovaluta alternativa al Bitcoin. Le altre criptovalute che sono sorte successivamente al bitcoin sono collettivamente etichettate come Altcoins. Includono Ethereum, Ripple, LiteCoins, tra gli altri.

AML - "Anti-Money Laundering" - Queste sono le leggi internazionali e le linee guida che sono state istituite per assicurarsi che le associazioni criminali, simili alla mafia, non sfruttino le criptovalute per riciclare il denaro.

Circuito integrato specifico per l'applicazione - Un pezzo di hardware progettato per lo scopo principale del mining di criptovalute. Con questo hardware, il problema principale del mining, i problemi di hashing, è risolto.

Arbitraggio - Le criptovalute vengono acquistate e scambiate a prezzi diversi contemporaneamente e nello stesso luogo. Quando l'acquisto e la vendita di detta criptovaluta portano ad un profitto netto, allora si è verificato l'arbitraggio.

ASIC - Un'abbreviazione della frase "Application Specific Integrated Circuit".

ATH - Un'abbreviazione della frase "All-Time High".

ATL - Un'abbreviazione della frase "All Time Low".

Atomic Swap – L'atomic swap fornisce un modo lucrativo e rapido di cambiare una forma di criptovaluta in un'altra senza la necessità di acquisire e/o spacciare criptovalute.

Bag - È l'accumulo di una quantità sostanziale di criptovalute.

Bear/Bearish - La discesa in picchiata del valore delle criptovalute.

Bear Trap - Come suggerito, la bear trap è uno stratagemma messo in atto da alcuni commercianti per ingannare il mercato. Queste persone colludono e vendono le loro criptovalute in una volta sola. Questo sistema inganna il mercato facendogli credere di sapere qualcosa che gli altri non sanno, e che un crollo è imminente. Altri commercianti reagiranno alle vendite improvvise e venderanno rapidamente i loro beni, riducendo ulteriormente i prezzi. I broker che avevano teso la trappola recupereranno i loro beni e ne compreranno molti altri a prezzi ridicolmente bassi, realizzando così un bel profitto quando i prezzi rimbalzeranno.

Bitcoin - Creato da Satoshi Nakamoto nel 2008, il bitcoin è stato presentato al mondo come un sistema di denaro elettronico equo.

Blocco - Un blocco è un caveau pieno di materiale contenente tutte le registrazioni riguardanti le transazioni delle criptovaluta. Diversi blocchi sono la struttura di una blockchain. Le informazioni memorizzate all'interno del blocco possono essere recuperate da chiunque.

Block Explorer - Le blockchain possono essere monitorate tramite un block explorer. Si tratta di un importante disponibile, il block explorer permette di osservare tutte le transazioni avvenute. Aiutano anche a valutare tutte le attività ed offrono qualsiasi dato aggiuntivo; per esempio, il flusso di monete, il tasso di hash della rete totale, la crescita delle transazioni e così via.

Altezza del blocco - Il numero di blocchi in una catena costituisce l'altezza del blocco. L'altezza del blocco inizia dall'altezza 0, che è il blocco iniziale.

Block Reward - Diversi minatori lavorano duramente per decifrare l'hash o le verifiche all'interno di un blocco. Quelli che riescono a capirlo vengono ricompensati. Le compensazioni vengono assegnate perché verificando le transazioni sulla blockchain, più monete vengono messe in palio. Queste vengono assegnate ai minatori per un lavoro ben fatto e vengono chiamate ricompense di blocco.

Blockchain - La blockchain è una scelta molto favorita perché ampiamente diffusa. Milioni di computer in tutto il mondo hanno accesso allo stesso materiale sulle blockchain. Non c'è una copia principale nascosta da qualche parte, e questo è ancora più importante. Si tratta di un culmine di blocchi separati, tutti contenenti informazioni sulle transazioni fatte su una specifica criptovaluta. Tutti quelli che compongono la catena sono legati insieme da quella che è conosciuta come la firma crittografica.

BTFD - Un'abbreviazione della frase "Buy The F$%king Dip".

Bull/Bullish - La proiezione crescente del valore di una criptovaluta.

Burned - Si dice che le monete di criptovaluta che non possono essere spese sono bruciate.

Buy the F$%king Dip - È il modo maleducato di annunciare a tutti che c'è un interesse in una specifica moneta. Questa frase è spesso usata per convincere i commercianti ad acquistare una moneta la cui importanza si è momentaneamente ridotta.

Buy Wall - Un buy wall è un ordine che permette la vendita di una criptovaluta ad un importo dichiarato. Questo è abbastanza comune in quanto garantisce che il prezzo di una criptovaluta non scenda sotto un valore stabilito. È anche particolarmente importante perché la domanda sarà di gran lunga superiore all'offerta una volta che la direttiva sarà implementata.

CAP - È un uso stenografico della frase "capitalizzazione di mercato".

Central Ledger - Un libro mastro centrale è un'entità singolare che contiene tutte le informazioni sugli archivi finanziari.

Chain Linking - Tutte le forme di criptovaluta hanno la

loro blockchain individuale. Quando c'è uno scambio tra due diversi tipi di criptovaluta, allora sono coinvolte due diverse blockchain. Queste due sono poi collegate insieme in un processo chiamato chain linking per assicurare una transazione di successo.

Cifrario - Le informazioni possono essere cifrate e decifrate da un particolare algoritmo. Il suddetto algoritmo è chiamato cifrario.

Fornitura circolante - Non tutte le monete di criptovaluta sono disponibili in circolazione. Alcune sono bloccate per un uso futuro, riservate per diversi motivi, o bruciate se sono inutilizzabili. Pertanto, il numero disponibile per la spesa è limitato, il che è riconosciuto come l'offerta circolante.

Cold Storage - Un modo alternativo di dire portafogli di carta.

Confermato - Le transazioni che sono state autorizzate dalla rete ed affisse alla blockchain sono chiamate transazioni confermate.

Consenso - Le transazioni confermate sulla rete e quelle

legate con successo alla blockchain sono dette transazioni di consenso.

Processo di consenso - Ci sono diversi nodi su una rete che verificano l'autenticità di un affare. Questi sono chiamati "il processo di consenso". Essi assicurano che tutte le transazioni autentiche siano apposte sulla blockchain.

Blockchain del consorzio - Una blockchain del consorzio è una blockchain che è mantenuta da una parte indipendente. Nonostante ciò, la blockchain è anche trasparente in modo pubblico.

Criptovaluta - La criptovaluta è un tipo di moneta sostitutiva che non dipende da nessuna banca. È un tipo di denaro crittografato ed aritmetico che è realizzato e gestito con matematica erudita.

Funzione di hash crittografica - Questa si verifica solo su un nodo quando si sforza di modificare un'istruzione, come una trasmissione alla blockchain sotto forma di una stringa numerica stabilita e codificata. Questa alterazione è regolata attraverso una procedura di hashing. Ci sono molti algoritmi disponibili per le criptovalute.

Crittografia - La pratica di codificare e decodificare le informazioni è nota come crittografia.

DAO - Abbreviazione della frase "organizzazione autonoma decentralizzata".

dApp - È un'abbreviazione della frase "applicazione decentralizzata".

Applicazione decentralizzata - È un programma software per computer che assicura che le blockchain siano ben utilizzate come deposito di dati. Assicura che la blockchain funzioni in modo indipendente, senza controllo da parte di forze esterne, fonti aperte, ed offre incentivi sotto forma di incentivi e buoni.

Organizzazione autonoma decentralizzata - Queste sono amministrazioni che operano indipendentemente dal contributo individuale. Questo fa sì che nessuno, individuo od ente, abbia totale autonomia sul sistema, ma che tutti siano immersi nel funzionamento del programma.

Deflazione - La deflazione si verifica quando la richiesta di una criptovaluta si riduce notevolmente.

Grafico di profondità - Il grafico di profondità è la rappresentazione visiva delle offerte, altrimenti chiamate richieste, di acquisto contro le richieste di vendita. La rappresentazione lineare indica le fasi teoriche in cui il mercato può condurre transazioni commerciali a vari prezzi in varie fasi. Con il grafico, è facile vedere se ci sono importanti picchi di acquisto o di vendita nell'equazione.

Portafoglio deterministico - Per fare un portafoglio deterministico, è necessario un sistema di chiavi derivate che partono da un singolo punto di partenza, denominato seme. In questo modo, anche se si dovessero smarrire, le chiavi sarebbero recuperate dal seme. Con un portafoglio, non ci sarebbe bisogno di fare nuove chiavi per ogni transazione. Questo rende i trasferimenti e la conservazione molto più facili.

Difficoltà - Nelle criptovalute, questo significa un aumento della rincorsa al mining. Se diverse transazioni stanno operando contemporaneamente, questo si traduce nella divisione dei nodi della rete. Questo si traduce poi in difficoltà. Maggiori difficoltà si traducono in maggiori commissioni di transazione.

Digital Commodity - Una risorsa impegnativa ed impercettibile che detiene un grande valore e può essere spostata solo elettronicamente.

Digital Currency - Conosciuta anche come valuta digitale.

Firma digitale - Garantisce l'autenticità di un documento trasferito. Viene spesso mostrata come un cifrario creato tramite crittografia a chiave pubblica.

Ledger distribuito - Le criptovalute descrivono i libri mastri distribuiti come blockchain che possono essere osservati da chiunque e in qualsiasi momento.

Double Spend - L'invio di criptovalute a portafogli in una sola volta è definito double-spending.

Dump - Ogni volta che un commerciante vende la più grande percentuale di tutte le criptovalute disponibili, è noto come dump.

Dumping - Quando diversi commercianti decidono di scaricare simultaneamente, spesso si verifica un brusco calo del valore della criptovaluta.

Dust Transaction - Per diverse ragioni, alcuni potrebbero volere una rete lenta. Raggiungono questo obiettivo inondando intenzionalmente la rete con transazioni di pochi minuti. Le transazioni infinitesimali sono chiamate "transazioni di polvere".

DYOR - È un'abbreviazione della frase "fai la tua ricerca".

Crittografia - Semplicemente l'uso di un cifrario per convertire un testo semplice in un testo incomprensibile.

ERC - Un'abbreviazione della frase "Ethereum requests for comments". E' relativa a tutti i presunti miglioramenti apportati al sistema Ethereum.

ERC-20 - È uno standard di base della compilazione dei gettoni di Ethereum. Delinea i comportamenti di ogni gettone Ethereum rendendoli altamente prevedibili.

Escrow - I fondi in escrow sono tenuti da un intermediario tra chi spende e chi riceve.

Ethereum - Ethereum è una criptovaluta diffusa tra le prime tre al mondo. È open-sourced ed utilizza la tecnologia blockchain. Ha due nette differenze dal Bitcoin;

permette ai suoi sviluppatori di fare DApps e permette di scrivere piccole obbligazioni.

Ethereum Virtual Machine - È un meccanismo ciberne-tico che lavora con i nodi della rete durante le conferme della blockchain. La macchina virtuale Ethereum, che si trova nel cloud, dà al nodo la libertà di fare EVM Byte Code casuale.

EVM - Un'abbreviazione della frase "Ethereum Virtual Machine".

Scambio - Le criptovalute vengono scambiate l'una con l'altra così come i contanti autorizzati. Ci sono diverse conversioni di valuta e strutture di commissioni in varie piattaforme di scambio.

FA - Abbreviazione della frase "analisi fondamentale".

Faucet - I faucet sono siti web truffa che pretendono di offrire criptovalute gratuite grazie alla connessione con loro.

Fiat - Valuta legale, riconosciuta ed approvata dalle am-ministrazioni come il dollaro statunitense, la sterlina bri-tannica, eccetera.

Fork - Un fork si verifica quando si forma una nuova blockchain, ed entrambe le blockchain funzionano simultaneamente sulla rete corrispondente. I fork possono essere soft od hard.

Frictionless - Un sistema frictionless non offre alcun costo di restrizione o vincoli al trading.

FUD - Un'abbreviazione della frase "paura, incertezza e dubbio".

Nodo completo - Alcuni nodi devono scaricare la storia completa di una blockchain per permettere l'applicazione assoluta delle regole.

Analisi fondamentale - Ci sono diversi passaggi e ricerche che determinano il valore che può essere attribuito ad una certa moneta. I fattori economici e pecuniari, l'opinione del mercato sono tutti considerati prima che sia concordato il valore su una moneta.

Futures Contract - A differenza dell'ordine vincolato, che ha già l'acquirente ed il rivenditore designati e garantiti, i futures contract sono i termini e le condizioni che devono essere soddisfatti tra due parti quando il valore di una specifica criptovaluta raggiunge una particolare quantità. I future contract entrano in gioco solo quando l'acquirente desidera andare allo scoperto, ed il rivenditore vuole fare il contrario riguardo alla suddetta criptovaluta.

Gas - Un sistema di misurazione che mette in relazione una procedura nella rete Ethereum con la quantità di potenza di calcolo necessaria per finire un particolare compito. Questa forma di misurazione confronta lo sforzo messo in atto con il compenso ottenuto dai minatori. Alcune operazioni offrono da 3 a 10 gas, mentre la transazione completa può costare fino a 21.000 gas.

Limite di gas - Gli utenti della rete Ethereum impostano i limiti di gas. Questi limiti sono il massimo che gli utenti sono pronti a dare per la transazione. Alcuni costano più di quello che viene offerto. In questi casi, l'accordo viene annullato. A volte, quando l'acquisto costa meno di quanto offerto, la differenza viene rimborsata.

Prezzo del gas - Il prezzo del gas è la somma più alta che si può essere inclini a sborsare per un affare. Più velocemente vuoi che i minatori partecipino al tuo accordo, più alto sarà il prezzo del gas.

Genesis Block - I primi blocchi che compongono le blockchain sono i genesis block.

Dimezzamento - Per ogni trattativa che i minatori approvano sulla blockchain dei Bitcoin, guadagnano dei Bitcoin. Ci sono numerosi blocchi sulle blockchain, pieni di transazioni, ma solo una quantità limitata di bitcoin è in circolazione. Questo è importante perché ci sono solo 21 milioni di bitcoin disponibili. Per evitare di sommergere il mercato di bitcoin in una volta sola, le monete guadagnate dai minatori sono dimezzate. Questo è il significato della parola dimezzamento nelle criptovalute.

Hard Cap - Il creatore di una particolare criptovaluta spesso stabilisce l'hard cap. Esso indica la somma più alta a cui la criptovaluta può essere elevata e non offre più monete a quel prezzo.

Hard Fork - L'hard fork assicura la conversione delle transazioni che prima erano considerate da non valide in valide. Funziona anche al contrario. Un hard fork può funzionare solo dopo l'aggiornamento dei nodi della rete al protocollo più recente.

Portafoglio hardware - Considerato il metodo più sicuro per tenere le criptovalute, un portafoglio hardware è paragonabile a una chiavetta USB. Mantiene la criptovaluta nella sua forma criptata.

Hash Rate - Misura la somma di hash al secondo, che un computer può raccogliere. Gli hash sono creati per trovare i blocchi creando un particolare tipo di blocco e cercando di farlo approvare dalla rete.

Hashing Power - I tassi di hash sono misurati in modo diverso, a seconda degli hash che vengono prodotti al secondo. Le misure possono essere in kH/s, GH/s, TH/s, PH/s, o EH/s.

HODL - Un'abbreviazione della frase "tieniti forte".

ICO - Un'abbreviazione della frase "initial coin offering".

Initial Coin Offering - il lotto iniziale di criptovaluta messo in vendita dai suoi creatori per raccogliere fondi.

Lightning Network - Un sistema creato tra gli utenti per i micropagamenti in criptovaluta. Basato su poca latenza e rimborsi immediati, è a basso costo, funziona su tutta la catena e le sue transazioni possono essere private o pubbliche.

Limit Order/Limit Buy/Limit Sell - Gli ordini limite regolano le spese alle quali le criptovalute vengono acquistate e scambiate.

Liquidità - Si dice che una criptovaluta è liquida quando può essere acquistata o scambiata facilmente senza creare onde di panico nei mercati.

Long - Andare long o prendere una posizione long significa acquistare ed accaparrare enormi quantità di criptovaluta, aspettando il momento in cui il prezzo sale.

Margin Bear Position - Coloro che stanno andando 'short' si attengono a questa posizione.

Margin Bull Position - Coloro che stanno andando 'long' si attengono a questa posizione.

Margin Trading - Una pratica rischiosa spesso fatta da commercianti esperti; questi commercianti acquistano molte più monete di quelle che possono permettersi sfruttando uno scambio.

MCAP - Abbreviazione della frase "capitalizzazione di mercato".

Mining - Il lungo e complicato processo di verifica di diverse transazioni su una blockchain.

Moon - Questo termine rappresenta la proiezione di montaggio delle cariche delle criptovalute.

MSB - Abbreviazione della frase 'money services business'.

Portafogli a firma multipla (Multi-Sig) - Creati man mano che il sistema venne implementato, i portafogli multi-sig sono progettati per scoraggiare il furto di criptovalute. Prima che un affare sia valido, i diversi commercianti coinvolti offriranno i codici per loro esclusivi. Questo porta quindi a una multi-firma.

Rete - Una rete è composta dai nodi che assicurano che tutte le operazioni si svolgano in un blocco.

Nodo - I nodi sono le colonne portanti importanti in tutte le transazioni di criptovaluta. Sono i computer collegati alla blockchain.

Nonce - Una volta che un minatore ha eseguito con successo l'hashing di una transazione, viene offerto un non-ce. Il nonce, anche se non è altro che un mucchio di numeri arbitrari, viene offerto in base al livello di difficoltà sperimentato in ogni transazione.

OCO - Abbreviazione della frase "uno annulla l'altro ordine".

One Cancels the Other Order - Questo entra in vigore nei casi in cui un trader sta cercando di creare un ordine per due criptovalute contemporaneamente. E' consapevole che uno può avere successo, e l'altro sarà respinto.

P2P - Abbreviazione del termine "peer-to-peer".

Peer to Peer - Questa connessione permette a due parti di collegarsi in rete senza la presenza di alcun tipo di intermediario.

Capitolo 3. Come iniziare

Piano di trading per le criptovalute

Proprio come il trading di titoli comuni, il trading di criptovalute richiede un piano di trading ben specifico.

Un piano è importante quando si tratta di trading ed investimenti di qualsiasi tipo; le criptovalute non fanno eccezione. Tuttavia, a causa dell'estrema volatilità e dell'alta speculazione associata ai mercati delle criptovalute, è imperativo avere un piano di trading.

Un piano di trading è un quadro che ti permette di definire la tua attività di trading. Comprende criteri, regole e linee guida che devi seguire nelle tue imprese commerciali.

Anche se non esiste un modello perfetto per un piano di trading (poiché ogni trader è unico in termini di esigenze, atteggiamento verso il rischio e stile di vita), ci sono alcuni principi universalmente accettati da considerare quando si sviluppa il piano di trading.

Ogni trader ha bisogno di un piano di trading. Si sostiene

comunemente che più si ha esperienza e conoscenza di un certo commercio, meno si fa affidamento su un piano di trading. Questo non è vero. Potrebbe semplicemente significare che hai interiorizzato il tuo piano di trading di base, in modo tale che non hai bisogno di continuare a fare riferimento ad esso ogni volta. Tuttavia questo significa che hai superato le basi, quindi hai bisogno di far progredire il tuo piano di trading per diventare un trader migliore ad un livello superiore.

Piano di trading - La tua tabella di marcia

Un piano di trading definisce i tuoi obiettivi di trading e come raggiungerli. Un piano di trading è la vostra tabella di marcia, da dove siete attualmente (in procinto di fare trading) a dove volete essere (come trader di successo). Per essere in grado di stabilire una visione chiara nel vostro piano di trading, è necessario chiedersi e fornire risposte alle seguenti domande fondamentali:

- Qual è il tuo stato attuale?
- Qual è la tua visione futura di trading?

- Qual è il vostro livello di conoscenza ed esperienza?
- Qual è il vostro piano di capitale?
- Qual è il vostro obiettivo?
- Qual è il vostro piano a breve termine?
- Qual è il tipo di successo che volete ottenere?

Un piano di trading è un business plan fatto su misura per il trading di un certo prodotto specifico.

Regole generali del piano di trading

Ogni piano è personalizzato in base alle tue particolari esigenze e predisposizioni. Non esiste un piano universale od un modello generale da attuare. Tuttavia, le seguenti sono regole importanti che devi considerare nel tuo piano:

- Scrivi il tuo piano
- Registrare i tuoi progressi
- Controllare il rischio
- Verificare spesso il piano di trading

Il modo migliore per elaborare un piano di trading è quello di affrontare alcune domande chiave. Di seguito è riportato l'insieme di domande a cui devi rispondere nel tuo piano di trading.

Creare un piano di trading

I piani di trading sono personalizzati per natura. Puoi personalizzare il tuo piano di trading per adattarlo al tuo stile. Tuttavia, ci sono alcuni componenti di base che è necessario incorporare. Quelle che seguono sono alcune delle considerazioni che devi fare per avere un buon piano di trading:

- Conoscere il tuo status di trader. Questo significa auto-valutarsi attraverso un'analisi SWOT (Strengths, Weakness, Opportunities, Threats).

- Definisci chiaramente i tuoi obiettivi ed attuali in ogni passo e decisione che prendi.

- Decidi se vuoi essere uno short trader od un long trader.

- Stabilisci il tuo sistema di trading personale.

- Decidi quanto rischio ti puoi permettere.

- Determinate il modo in cui gestirete le vostre operazioni aperte.

- Stabilire un adeguato sistema di registrazione.

- Testate il vostro sistema di trading.

Sistema di trading personale

Un sistema di trading è parte di un piano di trading, che comprende uno schema logico di azioni da intraprendere nel caso in cui si verifichino determinati eventi. Questo schema è concepito sulla base di una serie di regole che avete preimpostato. Un sistema di trading automatizza il tuo processo decisionale in modo da renderti meno suscettibile di errori psicologici.

Un semplice sistema di trading dovrebbe avere le seguenti basi fondamentali:

- Set-up: Queste sono condizioni osservabili, che si cercano nel mercato come indicatori di un'alta probabilità di un'operazione di successo. Gli indicatori di set-up includono massimi più alti, minimi più bassi, medie mobili, ecc. I set-up che scegliete dipendono dal fatto che siate short trader o long trader.

- Punti di innesco: Questi sono i momenti esatti in cui

devi intraprendere un'azione basata sui tuoi set-up. I trigger possono essere manuali o automatici, a seconda della tua esperienza e della disponibilità degli strumenti necessari sulla tua piattaforma di trading. Mentre la maggior parte dei mercati Forex ha strumenti avanzati di setup e trigger, pochissime piattaforme di criptovalute li hanno. Gli strumenti che sono disponibili sono ancora rudimentali. Quindi, è più probabile che tu debba fare affidamento su setup e trigger manuali.

Back-Testing del tuo sistema di trading

Il back-testing si riferisce al passaggio del tuo sistema di trading attraverso un meccanismo di test, ipotetico o storico, per determinare la sua validità, affidabilità ed efficacia. Questo è estremamente importante in quanto può aiutarvi ad evitare i costosi errori nell'affidarsi ad un sistema di trading difettoso.

Si può fare il back-testing da soli, o si può esternalizzare dei back-tester esperti e professionali che lo eseguano per vostro conto. Anche se create attraverso sistemi e tecnologie diverse, le criptovalute e le valute Fiat si basano entrambe sugli stessi principi di trading. Pertanto, un sistema di back-testing per il Forex può essere utilizzato per eseguire il back-test del sistema di trading delle criptovalute con piccole personalizzazioni.

Le migliori piattaforme di trading

Il trading di criptovalute è diventato sempre più redditizio a causa degli alti livelli di speculazione e della crescente accettazione delle criptovalute da parte della comunità globale online.

Una volta che si decide di commerciare in criptovalute, è necessario avere una piattaforma appropriata, che non solo ti aiuterà a comprare ma anche a commerciare in criptovalute.

Stabilire i criteri giusti per guidarti nella scelta delle piattaforme di trading ti aiuterà ad evitare le insidie che molti principianti incontrano, come ad esempio iscriversi ad una piattaforma di trading in cui le criptovalute preferite non sono negoziabili o non possono essere acquistate utilizzando la valuta Fiat. Questo ti aiuterà anche ad evitare di firmare per una piattaforma che non è sicura ed incline ad essere violata.

I seguenti sono criteri che ti permetteranno di scegliere la migliore piattaforma di trading per la tua criptovaluta:

- Sicurezza: quanto è sicuro il server e il suo sito web?

- Liquidità: quanto è veloce il flusso di cassa?

- Commissioni e spread: quanto viene addebitata la commissione per transazione?

- Trasparenza: quanto è trasparente lo scambio in termini di prezzi, volumi e monete scambiate?

- Coppie di valute: quante coppie di valute sono disponibili? La piattaforma scambia nelle coppie di valute che preferisco (ad esempio criptovaluta/criptovaluta, Fiat/criptovaluta, criptovaluta/Fiat, ecc.)

- Mezzi di pagamento: quali mezzi di pagamento sono disponibili sia per acquistare che per ricevere i proventi delle vendite?

- Assistenza clienti: l'assistenza clienti è buona? I clienti sono contenti? Quanto velocemente ed efficacemente vengono gestiti i problemi dei clienti? Quali sono le lamentele comuni dei clienti?

- Reputazione: qual è la valutazione attuale della piattaforma di trading?

- Facilità per i principianti: la piattaforma è di semplice gestione per i principianti? Ha risorse sufficienti per aiutare i principianti ad imparare a fare trading sulla sua piattaforma? Offre conti fittizi dove i principianti possono fare pratica prima di essere abbastanza abili per fare trading sulla piattaforma?

Con i criteri appropriati in mente, è ora possibile scegliere la migliore piattaforma. Qui sotto ci sono alcune delle migliori piattaforme che puoi prendere in considerazione:

Coinbase

Coinbase è la principale piattaforma di trading di criptovalute. È considerata dalla maggior parte degli utenti di criptovalute come la migliore piattaforma di scambio di criptovalute. La maggior parte delle principali criptovalute sono scambiate sulla piattaforma.

Coinbase ha registrato un aumento del traffico di quasi il 70% da ottobre a novembre 2017. A metà 2017, aveva circa 20 milioni di portafogli di criptovalute e 75.000 commercianti che usano la piattaforma per effettuare i pagamenti. Aveva anche 15.000 sviluppatori di app che hanno creato API basate sulla sua piattaforma.

Bittrex

Bittrex è rinomato per il suo processo di controllo completo, soprattutto per le nuove monete e la sicurezza degli utenti. Ha un modulo ad alta sicurezza. Supporta anche una vasta gamma di valute. Attualmente, supporta il trading di oltre 190 criptovalute. Ha un alto livello di stabilità accompagnato da transazioni veloci. Grazie al suo alto livello di sicurezza, ha uno dei portafogli più sicuri sul mercato. Molti esperti di criptovalute hanno scommesso che supererà Coinbase nel prossimo futuro. È la piattaforma di scambio più globalizzata, in quanto è in grado di accettare trader da oltre 180 paesi in tutto il mondo. Questo è stato reso possibile dal suo partner di pagamento e verifica online, Jumio. Questo gli permette di mettere in ombra Coinbase, che fatica a servire i clienti del Nord America, Europa, Australia e Singapore. Il suo concorrente minore, Kraken, serve solo gli Stati Uniti, l'UE ed il Giappone.

Per quanto riguarda il volume di traffico, Bittrex ha già superato Coinbase, poiché riceve oltre 160 milioni di visitatori al mese rispetto a Coinbase, che riceve solo circa 125 milioni. Kraken riceve solo 45 milioni di visitatori. Riceve il più alto volume di traffico mobile al 35%, che quasi si avvicina a Coinbase e Kraken insieme.

La maggior parte degli utenti afferma di avere maggiore dimestichezza con Bittrex piuttosto che con Coinbase.

Questo potrebbe essere attribuito al suo migliore utilizzo dei social network, compresi Facebook e Twitter, nel marketing e nel servizio clienti.

Kraken

Kraken vanta una struttura di alta sicurezza. È preferito dai trader intermedi e professionali grazie al suo finanziamento veloce, all'alta liquidità, al margine di trading, alle basse commissioni ed agli ordini avanzati come gli ordini stop-loss. La piattaforma accetta sia transazioni Fiat che di criptovalute, che possono essere completate tramite bonifico bancario. Tuttavia, la piattaforma non accetta depositi in contanti o carte di debito/credito.

Cex

Cex è stato lanciato nel Regno Unito come entità di holding per una delle più grandi società di estrazione di Bitcoin al mondo, GHash. GHash controlla circa il 42% della potenza di hashing di Bitcoin. Cex ha sede nel Regno Unito. CEX accetta depositi in dollari USA, rubli russi ed euro attraverso carte di credito, SEPA e bonifici. Accetta transazioni da utenti di tutto il mondo che vogliono scambiare Bitcoin o quote di estrazione GHash. Cex è diventata una delle prime piattaforme ad accettare Bitcoin Cash (BCH), un fork di Bitcoin.

Coinmama

Coinmama è una piattaforma user-friendly che non richiede di avere criptovalute per iniziare il trading. I nuovi utenti possono iniziare utilizzando la valuta Fiat per comprare criptovalute. Questa piattaforma è disponibile per gli utenti in quasi tutti i paesi del mondo.

Altre piattaforme di trading popolari

- Bitstamp.net
- LocalBitcoins
- Gemini
- Bitfinex
- Bisq
- Bitstamp
- CEX.IO

- eToro

- Poloniex

- HitBTC

- BitMEX

- GDAX.com

- Etherdelta.com

- Paxful.com

- CoinATMradar.com

Come iscriversi a una piattaforma di trading e investimento

- Iscriviti alla tua piattaforma di trading preferita.

- Abilita l'autenticazione a 2 fattori, dove richiesto.

- Effettuare un benchmarking continuo delle Altcoin rispetto al Bitcoin.

- Concentrati sui tuoi margini di guadagno.

- Tieni d'occhio gli influencer del settore e gli opinionisti

- Tieni conto della tua responsabilità fiscale.

Gestione del rischio

La gestione del rischio è una frase popolare usata nei thread relativi alle criptovalute, ma è molto raramente spiegata o discussa. Come suggerisce il nome, è un sistema per minimizzare i rischi durante il trading, ma cosa significa veramente? Passeremo in rassegna gli aspetti più critici della gestione del rischio nelle criptovalute per segmenti, dato che sono altamente diversificati.

Stop-loss

Impostare gli stop-loss nelle criptovalute è ancora un argomento di discussione in quanto molti trader credono che l'ambiente di trading renda impossibile il loro utilizzo. Non siamo d'accordo con questa affermazione, e pensiamo che gli stop-loss siano una parte essenziale della gestione del rischio.

Lo scopo dello stop-loss è quello di evitare che l'investitore perda ulteriormente denaro quando il prezzo sta scendendo. Viene impostato a un certo livello in modo che quando il prezzo lo raggiunge, vende automaticamente la posizione del trader con una piccola perdita. Se attivato, di solito non dovrebbe togliere più di una piccola percentuale dalla posizione, ma questo dipende dall'entrata.

L'argomento principale contro gli stop-loss è che il mercato è troppo volatile e vengono attivati troppo facilmente. Anche se possiamo essere d'accordo con questa affermazione, per quanto riguarda le monete a bassa liquidità, la maggior parte delle volte gli stop-loss non funzionano perché non sono usati correttamente. L'uso corretto degli stop-loss è relativamente semplice, ma richiede anche un'altra abilità che causa un sacco di problemi.

Lo stop-loss dovrebbe essere impostato vicino al prezzo di entrata ma in un punto che, se raggiunto dal prezzo, sarebbe il potenziale segnale di inversione o di ulteriore discesa.

Avere stop-loss impostati a questi prezzi non sarebbe possibile se avessimo un'entrata inferiore. In questo caso, le perdite potenziali sono più significative perché gli stop-loss dovrebbero essere ancora impostati. In nessun caso, dovresti mai impostare degli stop-loss basati solo sulla percentuale che sei disposto a perdere. Questo metodo garantisce quasi sicuramente di essere bloccati, dato che i prezzi tendono ad oscillare continuamente, cosa che non hai incluso nella tua impostazione.

Ecco due esempi ben diversi di stop-loss:

Su molte borse, tuttavia, è impossibile impostare degli stop-loss. In questo caso, suggeriamo vivamente di impostare degli avvisi (nell'applicazione Blockfolio per esempio) per poter reagire manualmente ogni volta che il prezzo raggiunge il nostro punto di interesse. Non è molto efficace perché spesso il prezzo riesce già a scendere, ma almeno ci dà la possibilità di vendere su un rimbalzo di recupero.

Percentuale di perdite VS Percentuale da recuperare	
% di capitale perso	% di guadagno richiesto per recuperare le perdite
10%	11,11%
20%	25%
30%	42,85%
40%	66,66%
50%	100%
60%	150%
70%	233%
80%	400%
90%	900%
100%	Oltre i margini

(l'immagine è stata presa da: https://www.anirudhsethireport.com/why-risk-per-trade-is-so-important-percent-loss-drawdown-vs-percent-to-recover/)

Prova del perché è così importante proteggersi dal rimanere senza più fondi. Molti trade che crollano di oltre il 90% nelle criptovalute non si riprendono più.

Il mercato delle criptovalute è altamente manipolato. Spesso, i market maker innescano gli stop-loss rompendo i modelli nella direzione sbagliata in modo da poter liquidare le posizioni prima che continui a muoversi in senso opposto. Questi sono i lati negativi dell'impostazione degli stop-loss nei mercati delle criptovalute, ma essere tagliati fuori da una piccola perdita è comunque più razionale che essere esposti al crollo completo.

Dimensionamento della posizione

Il denaro totale che stai mettendo in una specifica moneta dovrebbe dipendere fortemente dal rischio associato ad essa. Non dovresti mettere lo stesso importo in una micro-cap come faresti in una moneta top 10. La regola d'oro dice: "non rischiare mai più dell'1-2% per operazione", ma per quanto possa sembrare facile, spesso viene male interpretata.

Rischiare l'1-2% non significa che questo è quanto del tuo portafoglio complessivo ti è permesso di investire in un singolo trade. Significa che questo è l'importo che potete perdere su quel trade, che è una cosa completamente diversa. Ti mostriamo come questo è

diverso presentando l'esempio di @CryptoRedPill:
"Diciamo che il nostro stack di trading = 100k. Il 2% di rischio è di $2000. Entriamo in un trade con uno stop loss dell'8% al di sotto della mia entrata. Quindi, l'8% di quanti sono $2000? $25.000. Quindi, in realtà useresti il 25% del tuo stack ma rischieresti solo il 2%."

Come potete vedere, l'1-2% non rappresenta l'importo investito ma l'importo a rischio. Su low-caps dove di solito non si hanno stop-loss, il denaro investito non supererebbe quell'1-2% perché non c'è modo di minimizzare il rischio. Sugli hight-caps, tuttavia, questo non è il caso.

Tagliare le perdite

Questa è probabilmente la nostra regola preferita - taglia le tue perdite e lascia correre i tuoi vincitori. Non abbiate mai paura di vendere la vostra borsa per una perdita se sentite che potrebbero diventare molto più grandi (in base al TA, alla fine del ciclo di mercato, al FUD in arrivo). Le persone spesso tendono a dire HODL ogni volta che si trovano a fondo con la loro posizione. Questo tratta più della loro incapacità di fare trading piuttosto che del fatto che questa è una vera strategia. Non c'è una sola ragione per cui qualcuno dovrebbe tenere la moneta attraverso un downtrend prolungato o un dip in arrivo. Non vendere la moneta e rimanere a fondo fino al pareggio è un costo in termini di opportunità - quando la borsa è stata congelata avresti potuto fare qualche altro trade redditizio.

(l'immagine è stata presa da: http://swiatbitcoina.pl/poradniki/hodl/)

(Anche se questo grafico è umoristico, mostra come in realtà un sacco di gente gioca sui cicli di mercato. Non confondete questo con l'essere un "investitore". Questo mostra semplicemente che una persona non può adattarsi alle condizioni del mercato).

Nella situazione opposta - quando la moneta sta pompando - suggeriamo di lasciarla correre insieme al trend. Prendere profitti quando si sale è estremamente importante, ma la natura delle criptovalute rende molto difficile prevedere dove sia il top esatto. Anche se hai intenzione di uscire dalla tua posizione ad un certo livello, suggeriamo sempre di lasciare una cosiddetta "moon bag". Questa è una piccola parte della posizione rimanente (per noi è il 10%) che viene lasciata nel caso in cui la moneta decida di salire ancora.

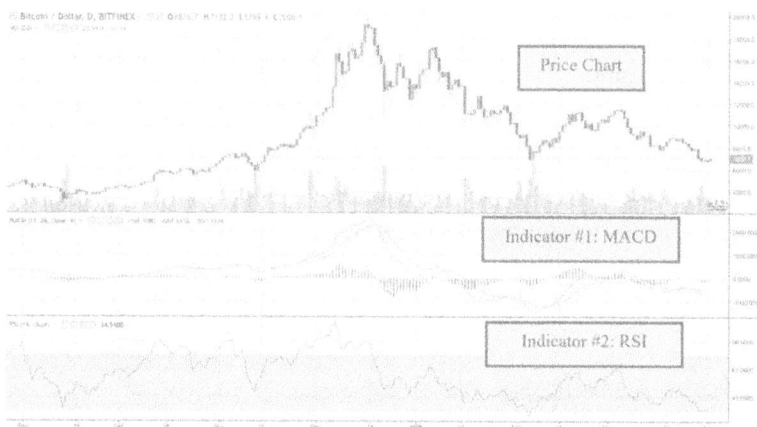

Nel grafico: Livello dei prezzi, indicatore 1 MACD e indicatore 2 RSI

Capitolo 4. Analisi tecnica

Nel grafico: Livello dei prezzi, indicatore 1 MACD e indicatore 2 RSI

Analisi del trading

I trader di criptovalute hanno una serie di strumenti a portata di mano per valutare il mercato; una delle metodologie più comuni, e più utilizzate, è l'analisi tecnica. Quando i trader usano questo approccio, ricevono una migliore lettura del sentore del mercato ed usano questo strumento per capire le tendenze chiave, e con tutte queste informazioni, possono fare previsioni migliori.

I tecnici, o grafici, hanno un approccio più pratico. Guardano la storia delle criptovalute applicano diversi strumenti analitici per vedere dove va il mercato.

L'analisi fondamentale, al contrario dell'analisi tecnica, si occupa più di capire quanto dovrebbe valere la criptovaluta, i grafici o trader tecnici guardano solo i movimenti reali dei prezzi. Questo libro tratterà solo l'analisi tecnica in quanto le criptovalute hanno il valore intrinseco di essere la criptovaluta con il vantaggio del first-mover, la coppia di trading principale, e la valuta con la più grande capitalizzazione di mercato per il giorno ed il trading globale, cementando la sua posizione come la valuta digitale principale.

Mercati rialzisti e ribassisti

Il mercato è conosciuto come rialzista quando si suppone che il prezzo di un'azione o di una criptovaluta salirà. Quando un investitore crede che il prezzo salirà, comprerà delle "call". Avranno pagato per il diritto di acquistare un'azione ad un certo prezzo, che è indicato come prezzo di esercizio. Un investitore è considerato rialzista se ha venduto "put". Quando un investitore vende una "put", è obbligato a comprare le azioni, il che significa che probabilmente suppone che il prezzo salirà.

Il mercato è conosciuto come ribassista quando si suppone che il prezzo della criptovaluta scenderà. Quando un investitore vende una "call", è obbligato a vendere le sue azioni all'acquirente a un certo prezzo. Lo fa perché è certo che il prezzo scenderà. Un investitore che compra una "put" sta attendendo che il prezzo scenda in modo da poter vendere le azioni ad un prezzo migliore alla persona che ha venduto la "put".

Volume

I trader di criptovalute devono considerare che il volume gioca un ruolo enorme nella valutazione delle tendenze dei prezzi. Un alto volume, sia orario che giornaliero, ti mostra che c'è una forte tendenza dei prezzi, mentre un basso volume ti dice che ci sono tendenze più deboli. Se il prezzo della criptovaluta dovesse subire una grossa perdita o guadagno, un trader deve assicurarsi di esaminare il volume.

Se la criptovaluta ha avuto una lunga tendenza al rialzo, e poi improvvisamente è scesa, varrebbe la pena controllare il volume per capire se questo movimento verso il basso sta mostrando una nuova tendenza, o se si tratta di un pullback temporaneo.

Un aumento del prezzo tipicamente coincide con un aumento del volume. Se il prezzo della criptovaluta dovesse sperimentare una tendenza al rialzo, ma il movimento verso l'alto avvenisse durante un volume debole, questo potrebbe significare che la tendenza sta perdendo forza e potrebbe finire presto.

Grafici

Anche se non ci hai mai pensato prima, è probabile che tu abbia visto un comune grafico dei prezzi. Come suggerisce il nome, mostra semplicemente il movimento del prezzo di un dato bene in un determinato periodo di tempo. Ci sono grafici basati su un'ampia varietà di intervalli, da quelli che mostrano il movimento al minuto, fino a quelli che lo mostrano per anno.

Supporto e resistenza

Se hai intenzione di imparare uno strumento tecnico per il trading, attua questo livello di supporto e resistenza. Queste linee di tendenza orizzontali sono la linfa vitale di tutte le analisi tecniche.

Livello di supporto

Un livello di supporto per una moneta è un prezzo al quale i trader non credono che scenderà al di sotto. Essi credono che ci sia abbastanza domanda a quel prezzo che gli investitori continueranno a comprare, e questo impedirà qualsiasi ulteriore calo del prezzo. I livelli di supporto possono essere identificati usando modelli grafici.

Se sei agli inizi, studia i dati storici a lungo termine e usali per identificare i livelli di supporto precedenti per una moneta. Quindi, nel caso del Bitcoin, usa i grafici a sei o 12 mesi piuttosto che quelli di una settimana.

Livello di resistenza

Il livello di resistenza è semplicemente l'opposto di un livello di supporto. Si tratta di un prezzo in cui i trader non credono che ci sia abbastanza domanda per superarlo ed andare oltre. Pertanto, più trader venderanno a questo prezzo. I livelli di resistenza sono calcolati in modo leggermente diverso dai livelli di supporto a causa della natura della psicologia umana. Per esempio, i numeri tondi hanno spesso un effetto psicologico, ad esempio, Bitcoin @ $10.000 o Eth @ $300, e questo crea un livello di resistenza in sé. Puoi anche usare l'inverso delle tecniche usate per trovare un livello di supporto su un grafico.

Per entrambi i livelli di supporto e resistenza, cerca almeno due o tre zone di azione del prezzo in un singolo grafico. Una volta identificate queste zone di azione del prezzo, puoi disegnare una linea retta per indicare i livelli di supporto e resistenza. In generale, più una moneta colpisce uno specifico livello di supporto o di resistenza, più forte sarà il movimento dei prezzi una volta che questo ha finalmente superato.

Una volta che un'azione sfonda il suo livello di resistenza, non è raro che il livello di resistenza precedente diventi il nuovo livello di supporto e viceversa. Capire questo aiuta la gestione del rischio quando si continua a fare trading più frequentemente.

Grafici a candela

I grafici a candele, chiamati anche candele giapponesi, sono uno dei modi migliori per determinare i livelli di supporto e resistenza di una moneta. Le candele prendono in considerazione il prezzo di apertura, chiusura, alto e basso di quel particolare giorno per una moneta. Ci sono centinaia di diversi modelli di candele che puoi imparare, ma ce ne sono alcuni che sono vitali da conoscere. Le candele rosse o nere rappresentano il movimento verso il basso, mentre quelle bianche o verdi rappresentano il movimento verso l'alto.

Doji

Le Doji sono caratterizzate da una differenza minima tra il prezzo di apertura e quello di chiusura e assomigliano a dei segni più su un grafico. Il modello Doji rappresenta l'indecisione nel mercato. Di solito si trovano vicino a punti di supporto e resistenza perché i partecipanti al mercato non sono sicuri che la moneta romperà questi livelli.

Quando analizzi i grafici a candele, dovresti usare grafici giornalieri che vanno indietro di almeno tre mesi e cercare di identificare i modelli.

Canali

I canali sono tracciati con due linee parallele su un grafico a candele od a linee e denotano livelli di supporto e resistenza continui mentre una moneta tende verso l'alto o verso il basso. I canali sono utili perché ci aiutano a formare entrate multiple e punti di uscita per una particolare moneta andando avanti.

Modello testa e spalle

Uno dei modelli più importanti da riconoscere è il modello di inversione testa e spalle. In poche parole, questo indica che la tendenza della moneta sta per invertirsi. Quindi, nell'esempio qui sotto, ci si aspetta che il prezzo scenda. Se il grafico è invertito, ci si aspetta un aumento del prezzo in futuro.

Il movimento di prezzo previsto (indicato con M nell'immagine) può essere calcolato come l'inverso del prezzo tra la linea di spalla e la testa, motivo per cui è necessario misurare correttamente la linea di spalla.

Nota, la maggior parte delle volte, il grafico non sarà un modello testa e spalle perfettamente allineato, ma il modello generale è sufficiente per andare avanti.

Testa e spalle

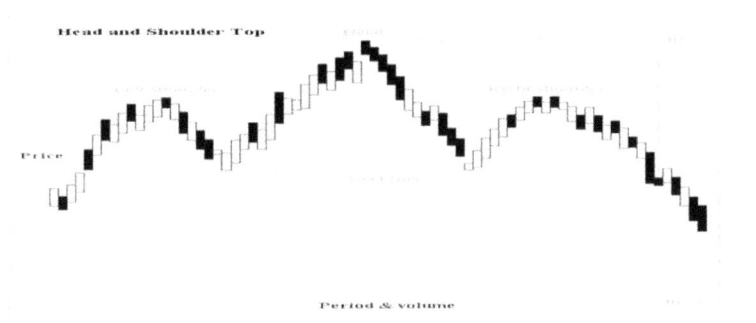

Periodo e volume

Doppio top e doppio fondo

Un doppio top (ribassista) ed il suo inverso, il doppio bottom (rialzista), sono costituiti da 2 picchi consecutivi con una depressione in mezzo. Il più delle volte, il primo picco sarà leggermente più alto del secondo ed è accompagnato da un volume più alto.

Non è raro che ci sia un triplo top o un triplo bottom se non c'è abbastanza volume per rompere i livelli di resistenza o supporto. Come la maggior parte dei modelli, una volta che si verifica una rottura, il livello di supporto precedente diventa il nuovo livello di resistenza e viceversa.

Il double top è un modello che i nuovi trader spesso interpretano male, specialmente quando guardano i grafici a breve termine. Ricorda di concentrarti sul volume ai livelli di supporto/resistenza prima di entrare in un trade.

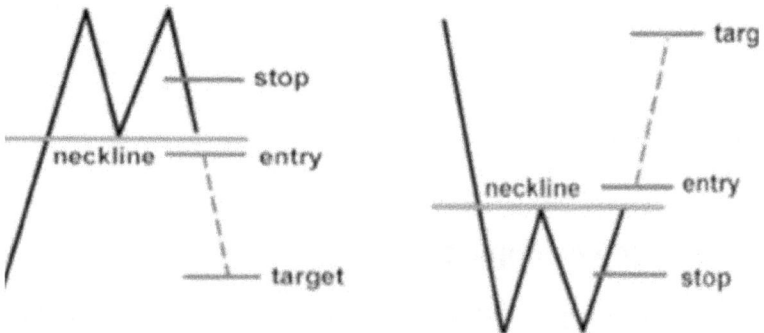

Nel grafico: Doppio top e doppio fondo

Triangoli

Potremmo probabilmente scrivere un intero libro solo sui vari modelli a triangolo, ma qui ci limiteremo alle basi. I tre tipi di modelli a triangolo sono i triangoli simmetrici, ascendenti e discendenti.

Triangolo simmetrico

Un triangolo simmetrico è un modello che segnala che il prezzo continuerà a muoversi nella stessa direzione dopo una breve inversione di tendenza. I due punti del triangolo che partono dalle linee di supporto e di resistenza poi convergono. Il prezzo della moneta è stato scambiato tra queste due linee e quindi continuerà a muoversi nella direzione precedente una volta che queste linee si incontreranno.

Triangolo ascendente

Un triangolo ascendente è un modello rialzista che segnala che il prezzo continuerà a muoversi verso l'alto dopo un periodo di rimbalzo intorno alla linea di resistenza, ma senza scendere abbastanza in basso da raggiungere la sua linea di supporto. Il tracciato è disegnato dalle precedenti linee di resistenza e di supporto e convergerà alla linea di resistenza. Se c'è abbastanza volume, il prezzo romperà la linea di resistenza e continuerà a salire.

Triangolo discendente

L'opposto del triangolo ascendente è un modello ribassista, tranne che questa volta le linee convergono al livello di supporto. Un volume sufficiente a questo livello si tradurrà in una rottura a prezzi più bassi.

Modelli a bandiera

I modelli a bandiera sono simili ai modelli a triangolo che appaiono durante un periodo di consolidamento (una piccola inversione dai movimenti di prezzo precedenti). Due linee parallele li rappresentano a seguito di un brusco scostamento di prezzo (che funge da "albero" della bandiera). I prezzi continuano ad avere una tendenza nella stessa direzione. La pendenza della bandiera sarà nella direzione opposta al movimento di prezzo previsto, così che una bandiera inclinata verso il basso segnalerà un continuo movimento a "toro", e una bandiera inclinata verso l'alto indicherà un continuo movimento ad "orso".

Come i modelli a triangolo, il segnale di acquisto o di vendita arriva quando c'è abbastanza volume per rompere il precedente livello di supporto o resistenza.

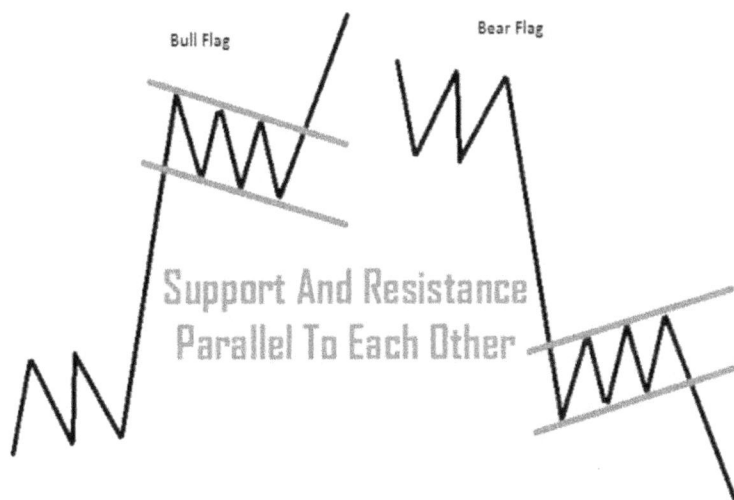

Nel grafico: Supporto e resistenza tra loro parallele

Il berretto da baseball

Il berretto da baseball è un modello di consolidamento in cui un nuovo livello di supporto si forma dopo un raggiungimento in uno specifico prezzo. Questo originale "prezzo pavimento" significa che il prezzo si è stabilizzato per il momento, e a causa della natura ciclica e ad alta volatilità delle criptovalute, di solito è seguito da un forte aumento del prezzo come nel grafico qui sotto. Se si studia abbastanza il modello del berretto da baseball, allora si può cronometrare correttamente i propri acquisti. Pertanto, se hai intenzione di imparare bene un disegno, comincia da questo.

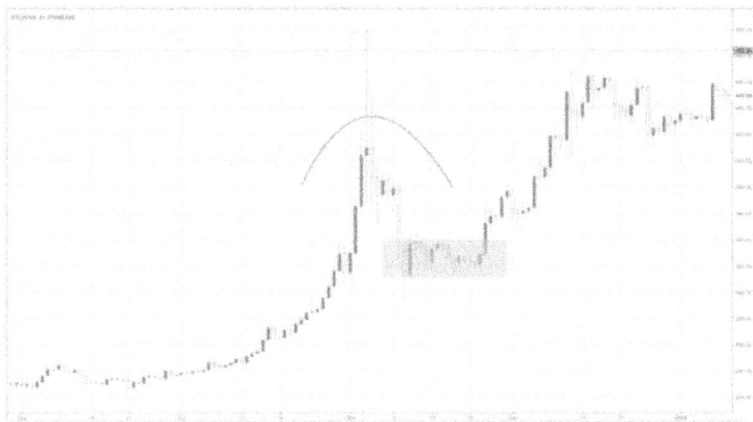

Medie mobili

Una grande tecnica che i trader di criptovalute possono usare per trovare le tendenze è la media mobile. Questa tecnica aiuta a smussare le fluttuazioni della valuta in modo che i partecipanti possano capire meglio dove sta andando il prezzo.

Il tipo base di media mobile è la "media mobile semplice". Questa viene calcolata calcolando il prezzo medio del titolo per un certo periodo di tempo. Un trader potrebbe scegliere di guardare in base a cosa ha fatto la criptovaluta in un periodo di 50, 100 o 200 giorni/ora. Essendo una criptovaluta così forte, di solito trova resistenza sulla media mobile a 50 giorni/ora su base giornaliera, ma può scendere fino alla media a 100 giorni/ora. Se il prezzo della criptovaluta scende al di sotto di tale media, potrebbe significare una temporanea tendenza al ribasso.

Un altro strumento che questi trader potrebbero usare è la "media mobile esponenziale". Questo fornisce una maggiore enfasi sui valori di prezzo recenti quando si guarda la media. Analizzando le medie, un trader può capire meglio quando il momento in cui tende a spostarsi. Se il prezzo della criptovaluta attraversasse la media a 21 giorni/ora e finisce per scendere sotto la media a 51 giorni/ora, questo può indicare un movimento ribassista. Il contrario è vero se si dovesse vedere che la media più corta si sta muovendo più in alto della media più lunga.

RSI: L'indice di forza relativa (RSI) è tipicamente usato per calcolare i risultati in incrementi di tre giorni e misura la somma totale di giorni positivi e negativi prima di calcolare un valore con un range tra 0 e 100. Se il movimento della criptovaluta in questo periodo è generalmente positivo, allora l'indicatore finirà più vicino a 100, e se il movimento è negativo, il risultato sarà più vicino a 0. Pertanto, se il risultato è vicino a 50, allora i risultati sono considerati neutrali.

MACD: Moving Average Convergence Divergence (MACD) è una forma di indicatore di momentum trend-following che si basa sulla relazione tra due diverse medie e i prezzi. Il MACD può essere determinato prendendo l'EMA a 26 giorni e sottraendo l'EMA a 12 giorni.

Il MACD può essere interpretato in più modi. Il primo dei quali è il crossover. Quando il MACD cade sotto la linea di segnale, allora questo crea un segnale ribassista che dice che è tempo di vendere. In alternativa, se il MACD si trova sopra la linea di segnale, allora mostra che il prezzo dell'attività sottostante sta per avere uno slancio verso l'alto. È comune per i trader aspettare conferma che sia sopra la linea di segnale prima di fare una mossa basata sulla posizione, al fine di assicurarsi che il prezzo non stia per attraversare una fase di fake-out.

Stocastico: L'oscillatore stocastico è un tipo di indicatore di momentum che confronta il prezzo di chiusura di un'attività sottostante con la gamma di prezzi che ha raggiunto in un determinato periodo di tempo. La sensibilità di questo oscillatore ai movimenti specifici del mercato può essere ridotta regolando il periodo di tempo, od attraverso il processo di prendere una media mobile dei suoi risultati.

L'oscillatore stocastico gioca anche un ruolo importante quando si tratta di determinare se un'attività sottostante specifica è ipervenduta o ipercomprata a causa del fatto che rimane in un determinato range. Il suo range è compreso tra 0 e 100 e rimarrà sempre costante indipendentemente da quanto velocemente o lentamente si muova. L'impostazione tradizionale per questo oscillatore è 20 come soglia di ipervenduto con la soglia di ipercomprato che appare a 80.

Linea A/D: L'Advance-Decline Line è un indicatore per l'ampiezza che prende in considerazione gli anticipi netti, ovvero il numero di criptovalute che stanno vedendo dei guadagni rispetto a quelle che stanno vedendo delle perdite. La linea può quindi essere utilizzata per confrontare la performance prevista del mercato nel suo complesso rispetto a come si sta effettivamente comportando. Quando si trovano divergenze ribassiste o rialziste nella linea A/D, allora è un segnale che un'inversione potrebbe essere all'orizzonte.

Nuvole di Ichimoku: Il modello delle nuvole di Ichimoku è un tipo di trading di tendenza ed un sistema di grafici che è costruito appositamente per essere utilizzabile praticamente in ogni mercato di trading. Ha diverse caratteristiche uniche, ma la sua forza principale risiede nel fatto che utilizza diversi punti di dati multipli come mezzo per dare al trader che lo utilizza una visione completa dell'attuale azione dei prezzi. Questa visione più approfondita, unita al fatto che si tratta di un sistema visivo in generale, rende facile per i trader separare rapidamente i potenziali scambi con una bassa probabilità di successo da quelli che hanno più probabilità di concretizzarsi alla fine.

Il grafico Ichimoku è composto da 5 diverse linee di indicatori, un breve riassunto di ciascuna e di come viene calcolata è delineato di seguito:

- Tenkan Sen: Questa è la linea di svolta e viene determinata sommando il minimo più basso ed il massimo più alto, e dividendo poi il risultato per 2 per i 9 periodi precedenti.

- Chikou Span: Questa è la linea di ritardo e viene calcolata prendendo l'attuale prezzo di chiusura, e poi spostando il tempo indietro di 26 periodi.

- Kijun Sen: Questa è la linea standard e viene determinata sommando il minimo più basso ed il massimo più alto prima di dividere il risultato per 2 per i 9 periodi precedenti.

- Senkou Span A: Questa è la prima linea guida e viene determinata sommando il tenkan sen ed il kijun sen, dividendo per 2 e spostando il risultato in avanti di 26 periodi.

- Senkou Span B: Questa è la seconda linea principale ed è determinata dalla somma del minimo più basso e del massimo più alto, dividendo per 2 per i 52 periodi precedenti, e poi prendendo il risultato e spostandolo in avanti di 26 periodi.

CCI: Il Commodity Channel Index (CCI) è un indicatore che può essere utile quando si tratta di determinare nuove tendenze o determinare quando le condizioni estreme del mercato sono imminenti. Misura il livello attuale del prezzo rispetto alla media in un determinato periodo di tempo. Il CCI rimarrà alto quando i prezzi sono superiori alla media, e basso se il prezzo si trova al di sotto di dove il mercato indicherebbe naturalmente.

Bande di Bollinger: Le Bande di Bollinger possono essere usate per fare trading di criptovalute con successo perché sono un segnale efficace quando si tratta di mercati in ipercomprato o ipervenduto. L'impostazione predefinita delle bande di Bollinger si basa sulla media mobile a 20 giorni ed ha 2 deviazioni standard. La banda superiore è tipicamente 2 deviazioni standard sopra la media mobile a 20 giorni e la banda inferiore è impostata su 2 deviazioni standard sotto la media mobile a 20 giorni. L'attività sottostante viene scambiata tra questi due prezzi con livelli di ipervenduto che raggiungono la banda inferiore e livelli di ipercomprato che raggiungono la banda superiore. La larghezza della banda rappresenta quindi la volatilità del bene sottostante.

Livelli di Fibonacci: I numeri di Fibonacci iniziano con 0 e 1 e poi aumentano esponenzialmente da lì sommando i 2 numeri precedenti per ottenere il numero successivo nella sequenza. Perciò si inizia con 0, 1, 2, 3, 5, e così via. La differenza tra questi numeri è conosciuta come il rapporto di Fibonacci che include .236, .382, .5, e così via. Trovare questi rapporti nelle coppie che stai considerando ti permette di determinare i punti di entrata e di uscita che si verificano naturalmente.

Canali di prezzo: Un canale di prezzo è una coppia di linee di tendenza che corrono parallelamente l'una all'altra. Questi canali possono formarsi in modo che siano discendenti, ascendenti od anche orizzontali. Le linee dei canali di prezzo possono spesso indicare sia supporto che resistenza, quindi quando il prezzo passa attraverso di esse e poi rimane dall'altra parte, è un indicatore che si sta formando un breakout.

Il libro degli ordini: Dato che la maggior parte degli scambi di criptovalute ha un libro degli ordini che puoi visualizzare per vedere una lista di tutte le transazioni che hanno avuto luogo attraverso lo scambio, questo libro degli ordini può essere un ottimo indicatore di quando una data criptovaluta è ipercomprata oppure ipervenduta. Alcune borse non rendono pubblico il loro registro degli ordini, il che è spesso un segno che si tratta di quella che è conosciuta come una borsa frattale, il che significa che non tengono abbastanza criptovalute a portata di mano per gestire le loro responsabilità. In quanto tale, se un numero sufficiente di persone cercasse di prelevare i propri fondi dallo scambio in una volta sola, non sarebbero tutti in grado di farlo e lo scambio crollerebbe.

Capitolo 5. Strumenti di trading delle criptovalute

Coinigy/TradingView: uno strumento indispensabile per ogni trader di criptovalute. È un sito di grafici che ti offre precisione e strumenti non disponibili su nessuno scambio. Preferiamo TradingView a causa dell'UI che è più accattivante, ma Coinigy non è lontano, e offre più scambi compatibili. Le principali differenze si presentano così:

- TradingView: UI leggermente migliore, libero di usare fino a 3 indicatori, una grande comunità di trader con cui condividere idee, solo le borse più significative.

- Coinigy: gratis per i primi 30 giorni, lo stesso set di strumenti di TradingView ma permette di tracciare i grafici delle borse più piccole (anche quelle a bassa liquidità come Cryptopia).

- Blockfolio/Delta: un'applicazione che ti aiuta a tracciare il tuo portafoglio. È essenziale non solo per controllare il tuo saldo corrente ma anche per mettere degli allarmi su specifici punti di prezzo (per esempio, quando uno scambio non ha un'opzione stop-loss, gli allarmi sono essenziali per minimizzare le perdite potenziali). Basta che non diventiate dipendenti dal controllarlo ogni 5 minuti - ci siamo passati tutti.

https://CoinMarketCap.com/: una pagina di partenza per ogni trader di criptovalute. Un database per ogni progetto esistente là fuori (al di fuori di quelli piccoli che devono ancora essere elencati), informazioni aggiuntive sulla capitalizzazione complessiva del mercato, il volume, i maggiori guadagni e le nuove aggiunte. Questo è un posto ideale dove puoi iniziare la tua ricerca.

https://coinmarketcal.com/: uno strumento perfetto non solo per gli swing trader che cercano di prendere qualche buon affare in base a notizie ed eventi. Questo sito elenca tutti i prossimi sviluppi per le monete con una data precisa ed una descrizione ad esso. Un sito utile che può aiutarti a valutare come il tuo investimento potrebbe comportarsi nei prossimi giorni/settimane.

https://bitcointalk.org/: il più grande forum di criptovalute che esiste. Attualmente, un po' abbandonato in quanto la maggior parte delle persone si è spostata su Twitter ed altri canali di social media, ma è ancora un ottimo strumento per fare ricerca. Il valore migliore non è nei thread di discussione delle monete (anche se ci sono consigli utili nascosti anche lì), ma nei nuovi [ANN] che vengono postati per gli annunci di nuove monete.

Social media: suggeriamo di usare principalmente Twitter ed occasionalmente Reddit, ma non importa cosa scegli, i canali dei social media dovrebbero essere il tuo strumento quotidiano nel trading. Fai attenzione ai disonesti, ma ci sono troppi benefici dal seguire altri trader per non approfittarne. Costruitevi un gruppo di grafici ed investitori che vi piacciano, perché questo faciliterà molto le vostre esigenze di ricerca.

ICOBench/ICODrops: siti che includono tutte le ICO in corso e future. Tutte le informazioni necessarie in un unico posto - recensioni, metriche ICO, White Papers. Raccomandiamo sempre di entrare in whitelist anche in ICO sconosciute (se il processo di registrazione è veloce) perché tendono a chiudersi molto velocemente ed una ricerca adeguata può comunque essere fatta in seguito senza perdere l'opportunità di investire in una promettente crowd sale.

https://coin360.io/: ti dà un'ampia panoramica di tutto il mercato diviso per diverse categorie a tua scelta. Questo semplice strumento permette di analizzare quale segmento è attualmente in crescita o quale mantiene bene il prezzo quando tutto il resto crolla.

https://etherscan.io/: un sito che vi permetterà di controllare la distribuzione dei gettoni e le metriche come l'offerta circolante, oltre ai Txn sulla rete Etherum. Per le monete su diverse blockchain utilizzare siti dedicati (per Bitcoin come esempio - https://blockchain.info/).

https://airdrops.io/: un luogo per tutte le airdrops essenziali in uscita. Di solito non valgono molto, ma partecipando regolarmente ad essi, c'è un modo per creare una piccola fonte di reddito costante. Non si sa mai quando la prossima Ontologia potrebbe avvenire (un airdrop che valeva 9000$ dopo poche settimane (aprile 2018).

Capitolo 6. Strategie di trading sulle criptovalute

Una volta che hai deciso il broker con cui lavorerai, conosci la piattaforma su cui farai trading ed hai dei fondi sul tuo conto, è il momento di iniziare a fare trading. Avrai bisogno di una strategia e di un sistema di gestione del denaro che ti aiuti a ottenere un profitto. In questo modo, potrai ottimizzare e monitorare costantemente i tuoi fondi. Le due principali scuole di pensiero che le persone spesso considerano quando costruiscono una strategia di trading di criptovalute sono l'analisi tecnica e l'analisi fondamentale.

Andando avanti, differenzieremo quale metodo si applica a ciascuna di queste strategie e copriremo alcune delle più comuni. Anche se questo eBook si concentra principalmente sulle criptovalute, queste strategie possono essere applicate anche ad altre attività finanziarie come opzioni, azioni, Forex, o metalli preziosi come l'oro. Queste strategie ti aiuteranno a speculare sul mercato delle criptovalute. Quando stai seguendo una strategia sicura al momento del trading, c'è una maggiore possibilità che tu raggiunga i tuoi obiettivi finanziari. Ma prima, iniziamo con le basi.

Cos'è una strategia di trading?

Molto semplicemente, una strategia di trading di criptovalute è un piano che si elabora per tutte le tue operazioni, sia di acquisto che di vendita. È una struttura che le persone seguono ogni volta che scambiano beni in un mercato. Una strategia di trading aiuta gli investitori a mitigare i rischi poiché li aiuta a sbarazzarsi di diverse decisioni inutili. Averne una non è obbligatorio, ma se ne hai una, può rivelarsi un salvavita in certe occasioni. Quando succede qualcosa di inaspettato (cosa che accade spesso nel mondo delle criptovalute), la tua strategia di trading decide come reagire, non le tue emozioni. In poche parole, la tua strategia di trading ti aiuta a prepararti per tutti i possibili risultati. Una strategia di trading è spesso la differenza tra un principiante che trova il successo ed un principiante che si arrende dopo aver subito diverse perdite. Quindi, se stai cercando di assicurarti di fare una carriera nel day trading di criptovalute, una strategia è vitale. Ti salverai dal prendere decisioni impulsive che alla fine porteranno a massicce perdite finanziarie.

Per esempio, una strategia di trading che disegni per te stesso può includere i seguenti elementi:

- Le classi degli asset che andrai a scambiare

- I setup che seguirai

- Gli indicatori e gli strumenti che usi

- I fattori che innescano le uscite e le entrate (gli stop-loss che utilizzerai)

- Come misuri e riporti la performance del tuo portafoglio

Inoltre, quando un principiante sta iniziando nel mondo delle criptovalute, vuole anche assicurarsi di essere costantemente in contatto con le basi del trading di criptovalute. Per questo motivo, spesso includono le basi del trading di cripto nel loro piano che servono come linee guida in futuro. Per esempio, un trader potrebbe decidere che non farà trading nei fine settimana perché si sente stanco o non nel giusto stato mentale. Oppure può creare un programma di trading per la sua settimana, in modo da fare trading solo nei giorni specifici inclusi nella sua strategia.

Stai controllando il prezzo del Bitcoin anche nei fine settimana?

Assicurati che tutte le tue posizioni siano chiuse nel fine settimana. Anche i consigli di guida personalizzati possono essere inclusi nella tua strategia. Questo ci porta ad uno dei consigli più importanti che devi capire quando fai trading di cripto con una strategia.

La strategia perfetta è personalizzata.

Anche se ti daremo un insieme di consigli da cui puoi imparare quando fai trading di criptovalute, il tuo compito è quello di prendere un pezzetto da ogni linea guida e crearne una che si adatti al tuo stile di trading. Seguirne alcune dall'inizio alla fine potrebbe funzionare, ma se non dovesse funzionare, non sarebbe la fine del mondo! Cambia le cose e modifica la tua strategia finché non inizi a trovare il successo. Creare una strategia può anche richiedere alcuni test. Per esempio, alcuni trader preferiscono il paper trading sul testnet di Binance Futures.

Andando avanti, ci concentreremo su due diversi tipi di strategie: attive e passive. La definizione di una strategia non è necessariamente rigida, e ci saranno varie occasioni in cui noterete una sovrapposizione. In effetti, prendere la via ibrida potrebbe essere la migliore del gruppo.

Strategie attive

Una strategia attiva richiede più attenzione rispetto ad una strategia passiva. Ecco perché si chiamano strategie attive. Hai bisogno di monitorare costantemente il tuo portafoglio e il mercato delle criptovalute.

Trading giornaliero

La strategia di trading più conosciuta. A causa di un malinteso comune, la gente spesso pensa che tutti i trader siano trader giornalieri, il che non è vero. La maggior parte delle piattaforme di trading sono funzionali 24 ore al giorno, per tutti i giorni dell'anno. Quindi, nel mercato delle criptovalute, la parola è usata in un contesto leggermente diverso. Il day trading è tipicamente uno stile di trading a breve termine in cui si entra e si esce dal mercato nell'arco di un giorno. Un day trader usa tipicamente l'analisi tecnica e la formula dell'azione dei prezzi per trovare diverse idee di trading. Ma a parte questo, possono anche impiegare diversi altri metodi di trading per trovare potenziali scappatoie nel mercato delle criptovalute.

Poiché questo metodo ha dimostrato di essere incredibilmente efficace nel corso degli anni, è diventato uno dei più comunemente usati. Detto questo, questo metodo può essere incredibilmente redditizio per alcuni trader, ma altamente rischioso per altri. Va da sé che è incredibilmente stressante ed impegnativo, con molti rischi coinvolti. Pertanto, è raccomandato solo ai trader avanzati.

Ma con abbastanza pratica, anche un principiante può padroneggiare il day trading!

Swing Trading

Questa strategia è il completo opposto del day trading in diversi punti. Quando fai swing trading, ti concentri su una strategia a lungo termine in cui tieni una posizione. "A lungo termine" in questo contesto può essere definito come mantenere una valuta per alcune settimane, ma non più di un mese. In un certo senso, lo swing trading può trovarsi tra il trend trading (ancora da affrontare) ed il day trading.

Uno swing trader cerca di approfittare della volatilità del mercato che può richiedere giorni o settimane per essere giocata. Utilizza una combinazione di fattori fondamentali e tecnici per trovare idee di trading. Naturalmente, i cambiamenti hanno bisogno di tempo per manifestarsi, ed è qui che fanno pieno uso dell'analisi fondamentale. Oltre a questo, anche gli indicatori tecnici ed i modelli grafici giocano un ruolo significativo quando si cerca di

fare trading nel modo dello swing trading. Per un principiante, abituarsi a questo metodo è relativamente facile.
Il vantaggio più evidente di una strategia di swing trading rispetto al day trading è che i cambiamenti che speri di ottenere richiedono tempo per manifestarsi, quindi
non è necessario avere sempre il polso del mercato. È
molto meno stressante, ed è per questo che può essere facile iniziare con questo. Tuttavia, poiché il ciclo di
completamento del commercio è più lungo, può essere
difficile a volte tenerne traccia.

Avrai tutto il tempo per considerare tutte le decisioni che
devi prendere. Nella maggior parte dei casi, gli swing
trader hanno un sacco di tempo per reagire quando il
trade inizia a svolgersi. Poiché il tempo non è un problema, le decisioni che prendi sono meno affrettate e molto
più razionali. D'altra parte, il day trading richiede un
pensiero veloce.

Trend Trading

A volte chiamato anche position trading, il trend trading

è una strategia in cui i trader mantengono una posizione per un periodo più lungo (mesi nella maggior parte delle occasioni). Come suggerisce il nome, i trader di tendenza spesso cercano di approfittare delle direzioni verso le quali il mercato delle criptovalute spesso propende. Un trader di tendenza può entrare in una posizione lunga in una tendenza al rialzo e una posizione corta in una tendenza al ribasso.

Come gli swing trader, utilizzano anche l'analisi fondamentale, ma non è sempre così. L'analisi fondamentale fa pieno uso degli eventi che possono richiedere un considerevole lasso di tempo per svolgersi. Questo può fungere a vantaggio di un trader perché i trader spesso vogliono trarre vantaggio dal modo in cui il mercato si muove. Una strategia di trading di tendenza opera sotto il presupposto che una volta che un bene inizia a muoversi in una direzione designata, continuerà a muoversi in quella direzione. Detto questo, un trader di tendenza deve anche tenere conto di un'inversione di tendenza, che accade spesso. Essi incorporano anche altri fattori nelle loro ipotesi come linee di tendenza, indicatori tecnici e medie mobili. Questo li aiuta ad aumentare il loro tasso di successo ed a ridurre il rischio finanziario complessivo. Il trading di tendenza può anche essere perfetto per i principianti se:

- Eseguono la dovuta diligenza

- Imparano a gestire il rischio

Scalping

Questa è una delle strategie di trading più veloci che si possono adottare. Quando un trader fa scalping, non cerca di trarre vantaggio dalle tendenze del mercato o dai grandi movimenti. Invece, si concentra sul fare pieno uso delle piccole fluttuazioni di prezzo. Per esempio, possono trarre profitto dai grandi spreads, dai vuoti di liquidità o da altre lacune nel mercato. Uno scalper non mira a mantenere la sua posizione per un lungo periodo di tempo. Non sorprenderti se vedi uno scalper aprire e chiudere la sua posizione in pochi secondi. Questo è anche uno dei motivi per cui lo scalping è chiamato anche High-Frequency Trading (HFT).

Lo scalping può essere particolarmente utile se un trader è in grado di trovare un'inefficienza nel mercato che continua a verificarsi ripetutamente. Ogni volta che accade, può ottenere un piccolo profitto che inizia a sommarsi nel tempo. In generale, lo scalping è perfetto per un mercato altamente fluido. In mercati come questi, entrare e uscire dalle posizioni è relativamente facile, e le tendenze del mercato sono facili da prevedere. Tuttavia, a causa della complessità coinvolta, lo scalping è spesso indicato come una strategia di trading avanzata che non è raccomandata ai principianti.

Per farlo, è necessario avere una profonda comprensione del mercato e delle meccaniche su cui opera. A parte questo, lo scalping è generalmente raccomandato ai commercianti su larga scala. Questo perché, dato che la percentuale dei profitti è più piccola, il trading in grandi posizioni ha senso.

Arbitraggio

L'arbitraggio delle criptovalute è una strategia in cui un investitore compra la valuta da una borsa e poi la vende rapidamente su un'altra per ottenere un profitto. Questo è possibile solo perché le criptovalute vengono scambiate a diversi punti di prezzo su diverse borse. Negli ultimi anni, diversi trader hanno fatto del loro meglio per approfittare della discrepanza dei prezzi. Detto questo, l'arbitraggio non è una strategia nuova.

Può essere ed è stata usata in diversi mercati di negoziazione di capitali, sia che tu stia vendendo o comprando materie prime, obbligazioni od azioni. Se ci sono diversi mercati in cui puoi vendere i tuoi beni, l'arbitraggio esisterà. Tuttavia, nel mondo delle criptovalute, l'arbitraggio è molto più comune. Una valuta come il Bitcoin è completamente digitale. Il suo valore non è basato su nessun asset sottostante, e non ha le convenzioni di prezzo di un'obbligazione o di un'azione che dipende dalla performance di un'organizzazione o dall'economia del paese. Poiché il prezzo della criptovaluta che possiedi può cambiare, ci sono ampie opportunità di arbitraggio nel mondo delle criptovalute. Ci sono più di 5.000 valute che vengono scambiate su oltre 200 borse che quotano le valute in modo diverso. Tuttavia, anche se queste borse valutano le valute in modo diverso, tutte operano in modo simile. I prezzi di una valuta si basano sul suo ultimo scambio. Ma è importante ricordare che non tutte le borse sono uguali. Alcune di esse hanno volumi massicci di scambio, mentre altre non sono così attive. Il volume di scambio di una data borsa riflette i suoi livelli di liquidità ed i prezzi su cui le valute sono quotate.

Dato che c'è una pletora di borse in cui puoi investire il tuo denaro, potresti dover passare molto tempo a seguire i prezzi delle valute per cercare una potenziale opportunità di arbitraggio. Tuttavia, se vuoi semplificare le cose, ci sono diverse app che puoi scaricare che possono suggerirti e trovare potenziali opportunità di arbitraggio per te.

A prima vista, per ogni trader di criptovalute, l'arbitraggio suona come una ricerca infinita per trovare un gap tra le borse. Una volta che hai trovato un gap, procedi e goditi i profitti. Sembra semplice, vero?

Abbastanza famoso, nel 2017, il prezzo del Bitcoin nel mercato Kraken era di 17.212 dollari. Allo stesso tempo, il suo prezzo in Bitstamp era di 16.979 dollari, il che presentava una chiara opportunità di arbitraggio. In questo particolare caso, ogni investitore di criptovalute che aveva Bitcoin nel proprio portafoglio aveva l'opportunità di guadagnare 233 dollari per Bitcoin se avesse semplicemente venduto la propria valuta su Kraken.

Detto questo, gli spread di arbitraggio sul Bitcoin non sono sempre così ampi. Tuttavia, trovare grandi spread su altre valute meno conosciute può essere possibile. Approfittare di ogni discrepanza che trovi è alla base del crypto trading. Fai profitti veloci, fai ricerche sui diversi tipi di valute che trovi ed imparerai molto di più sulle borse su cui stai facendo trading. La fluttuazione dei prezzi provoca un divario che i criptotrader amano. Ma l'arbitraggio cripto non è solo questo.

Torniamo all'esempio che abbiamo fatto sul Bitcoin nel

2017. Se un investitore di allora dovesse giustificare il tempo e l'energia che ha speso sul Bitcoin, probabilmente cercherebbe un profitto di circa 2.330 dollari, per il quale dovrebbe mettere a rischio 170.000 dollari (valore di 10 Bitcoin in quel momento). Per un profitto di 23.000 dollari, dovrebbero rischiare 1,7 milioni di dollari. Per trovare il successo con il crypto arbitraggio, un investitore deve eseguire le operazioni rapidamente, e tutte queste operazioni devono essere di una dimensione significativa per ottenere un profitto rispettabile. Tuttavia, un trader deve anche assicurarsi di non aumentare il prezzo di acquisto e diminuire il prezzo di vendita scambiando i propri beni. Inoltre, un trader deve anche tenere d'occhio la tassa di transazione che si applica ad ogni scambio che esegue. Man mano che gli scambi di criptovalute iniziano ad evolversi, i prezzi di questi scambi iniziano a cambiare.

Strategie passive

Come il nome potrebbe suggerire, una strategia passiva è

un approccio hands-off in cui la gestione del portafoglio richiede meno tempo ed attenzione. Anche se c'è una differenza tra le strategie di trading e di investimento, il trading in definitiva significa la stessa cosa: comprare e vendere asset per ottenere un profitto.

Comprare e mantenere

Questa strategia si ha quando i trader comprano un asset e lo tengono per molto tempo, indipendentemente da come opera il mercato. Questo approccio è spesso usato quando un trader sta cercando di creare un portafoglio a lungo termine in cui l'idea è di entrare semplicemente nel mercato senza preoccuparsi del timing. L'idea generale è: con abbastanza tempo, il prezzo della moneta alla fine salirà.

Generalmente, la strategia "buy and hold" si basa sull'analisi fondamentale e non si preoccupa degli indicatori tecnici del mercato. Inoltre, dato che compri qualcosa e te ne dimentichi, non devi nemmeno controllare costantemente il tuo portafoglio.

Detto questo, le criptovalute sono beni volatili e rischiosi. Anche se comprare Bitcoin è spesso considerata una decisione sicura, questa strategia potrebbe non essere adatta al mercato delle criptovalute.

Investire nell'indice

Tipicamente, l'investimento nell'indice è quando si comprano indici ed ETF nel mercato tradizionale. Detto questo, un prodotto simile è disponibile anche nel mercato crypto. Si può trovare nel movimento Decentralized Finance (DeFi) e negli scambi di criptovalute. Rispetto ad altre strategie, l'index investing può essere un po' difficile da capire per i trader principianti.

Conclusione

Grazie per essere arrivato fino alla fine. Spero che questa guida ti sia stata utile ed in grado di fornirti tutti gli strumenti necessari per raggiungere i tuoi obiettivi, qualunque essi siano. Solo perché hai letto per intero questo libro non significa che non ci sia più nulla da imparare sull'argomento, espandere i tuoi orizzonti è l'unico modo per trovare la padronanza che cerchi.

Non dimenticare che la criptovaluta è ancora agli inizi, il che significa che, anche se questo libro è utile per aiutarti a trovare il tuo punto d'appoggio, dovrai prendere l'abitudine di stare al passo con le ultime tendenze se speri di trarre vantaggio dalla prossima mossa.

Quando si tratta di approfittare del Bitcoin per un profitto personale, dovrai decidere se hai intenzione di lavorare all'interno del sistema e promuovere direttamente la criptovaluta, o se hai intenzione di commerciare ed investire, od anche minare. Indipendentemente dal percorso che prenderai, è importante avere aspettative ragionevoli su quanto tempo ci vorrà prima di iniziare a vedere risultati reali. Non dimenticare che il punto di saturazione di massa per le criptovalute è stimato ancora a cinque anni di distanza, il che significa che qualsiasi piano tu faccia dovrebbe essere focalizzato sul lungo termine per ottenere i migliori risultati.

Lightning Source UK Ltd.
Milton Keynes UK
UKHW020716250122
397682UK00009B/444

9 788894 630428